艾庄周——著

心态管理

提升工作价值的六大关键

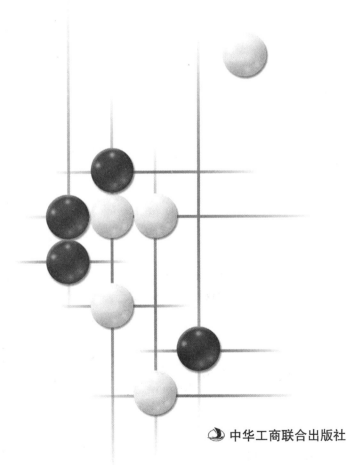

中华工商联合出版社

图书在版编目（CIP）数据

心态管理：提升工作价值的 6 大关键／艾庄周著
.—北京：中华工商联合出版社，2018.3(2023.6重印)

ISBN 978-7-5158-2186-3

Ⅰ.①心… Ⅱ.①艾… Ⅲ.①企业管理－管理心理学

Ⅳ.① F270-05

中国版本图书馆 CIP 数据核字 (2018) 第 012615 号

心态管理

作　　者：	艾庄周
责任编辑：	吴建新
装帧设计：	张合涛
版式设计：	大观世纪
责任审读：	郭敬梅
责任印制：	迈致红
出版发行：	中华工商联合出版社有限责任公司
印　　刷：	三河市燕春印务有限公司
版　　次：	2019 年 5 月第 1 版
印　　次：	2023 年 6 月第 3 次印刷
开　　本：	710mm×1000mm　1/16
字　　数：	170 千字
印　　张：	13.25
书　　号：	ISBN 978-7-5158-2186-3
定　　价：	39.00 元

服务热线：010-58301130

销售热线：010-58302813

地址邮编：北京市西城区西环广场 A 座
　　　　　　19-20 层，100044

http://www.chgslcbs.cn

E-mail: cicap1202@sina.com（营销中心）

E-mail: gslzbs@sina.com（总编室）

目录

1　　前　言

PART 1　　信念管理

1　　● 信念让一切皆有可能

4　　● 信念四性

7　　● 信念的形成

8　　● 信念是人生成功的法则

12　　● 铸就个人的成功信念

27　　● 打造团队的信念系统

PART 2　　价值观管理

35　　● 价值观决定行为

39　　● 价值观改变人生

42　　● 树立正确的价值观

44　　● 变被动为主动

59　　● 让乐观成为一种习惯

PART 3　情绪管理

71　● 什么是情绪

72　● 情绪的影响因素

76　● 要改变世界，先改变情绪

79　● 被情绪控制的表现

83　● 阻碍情绪管理能力提升的问题

84　● 管理好情绪的三大好处

87　● 做自己的情绪调节师

PART 4　感恩之心

99　● 成功从感恩开始

102　● 习惯了得到，便忘记了感恩

103　● 职场不知感恩，事业发展受阻

107　● 认为理所当然是感恩最大的障碍

109　● 感恩的人幸福多

112　● 常怀感恩之心

117　● 修炼感恩力

125　● 孝道"四境界"

PART 5　责任之心

131　● 责任是一种伟大的品格

134　● 责任胜于能力

136　● 责任铸就成功

141　● 三种不负责任的行为

147　● 外向思维让我们失败

149　● 打造责任力

164　● 把信送给加西亚

PART 6　爱之心

166　● 爱是一切成功的核心

170　● 用全身心的爱来迎接今天

173　● 爱的六种表现

190　● 爱的行动

194　结束语

前　言

一位哲人说："你的心态就是你真正的主人。"

一位伟人说："要么你去驾驭生命，要么生命驾驭你。你的心态决定谁是坐骑，谁是骑师。"

一位艺术家说："你不能延长生命的长度，但你可以扩展它的宽度；你不能改变天气，但你可以左右自己的心情；你不可以控制环境，但你可以调整自己的心态。"

佛经上说："物随心转，境由心造，烦恼皆由心生。"

狄更斯说："一个健全的心态比一百种智慧更有力量。"

爱默生说："一个朝着自己目标永远前进的人，整个世界都给他让路。"

……

《心态管理——提升工作价值的六大关键》一书是我从事个人心态管理和团队心态训练的经验积累，本书将试图回答的正是那些每个人都关心的问题：为什么有的人能力平平却获得了成功，而有的人才华横溢却碌碌无为？到底是什么决定了一个人的成功和失败？

● 态度决定一切

什么是心态?

心态,即人的心理状态,是我们对客观事物的心理态度,是我们的观念、动机、情感、兴趣等心理状态的体现,是人的心理对客观事物刺激做出的一贯反应趋向。心态对我们的思维、选择、言行都具有导向和支配作用,这种导向和支配作用决定了一个人的成功或失败。

据研究结果显示:在这个世界上,成功而杰出的人大概只占了 10%,而平凡或平庸的人却占了大约 90%。成功而杰出的人活得充实、自在、洒脱,失败而平庸的人则大多过得空虚、平淡。那么,现实为什么是这样呢?有这么一个公式,即人的成功 = 心态 × 能力,也就是说,即使能力再强的人,如果心态是零或负面的,那么也不会获得成功,尤其是在关键时刻的心态。著名成功学家拿破仑·希尔说:"人与人之间只有很小的差异,但这种很小的差异却往往造成巨大的差别,很小的差异就是其所具备的心态是积极的还是消极的,巨大的差别的就是成功与失败。"

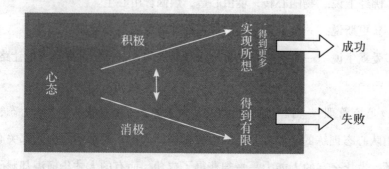

有这样一个故事。在生命即将走到尽头的时候,古希腊哲学家柏拉图知道自己就要离开这个世界了,此时他最担心的是自己学术和思想的传承

问题，他觉得自己的助手是最好人选，但是需要考验和点化一下。他把助手叫到病床前说："我需要一位最有天赋、最努力的传承者，他不但要有渊博的知识、过人的智慧，还要有探索和思考人生命题的信心和勇气，但是目前我还没有找到这个人选，你能在整个城邦、整个国家帮我找到这个人吗？"助手非常温顺而诚恳地说："好的，我一定努力去寻找，不辜负您的托付，一定会让您的思想后继有人。"柏拉图没有看错，这位助手果然是非常忠诚的，他不辞辛劳，走遍每一个城邦，探访每一位有志于研究哲学的人，每一位在学术上有所建树的人。但是他所选中的传承者，总是被柏拉图否定，要么是哲学功底不深，要么是学术观点不一致。

　　直到有一天，病情危重的柏拉图强打起精神，几个月来第一次坐起来说话，他语重心长地对助手说："真是辛苦你了，让你跑了那么多地方，不过你找来的那些人，其实还不如你。"又过了几个月，柏拉图眼看就要告别人世了，传承者的人选还是没有结果，助手感到有负于柏拉图的重托，非常伤心和失望，泪流满面地对柏拉图说："我真对不起您，没有完成好您交代的事，我感到非常愧疚！""感到愧疚的应该是我，我没有让你看到最优秀的人，没有教给你正确的寻找方法，也没有给你足够的勇气。"柏拉图也感到心中难受，这更加重了他的病情，他停顿了许久，才有气无力地说："其实，我最中意的传承者就是你，只是你不敢相信自己，我让你去寻找，就是想让你通过对比，发现自己的才能和智慧，看到自己的勤奋和忠诚，但是你找了那么多人，都没有把自己放进候选者的队伍中对比一下、衡量一下。我希望由你来传承我的思想和哲学研究，希望你将它发扬光大，你跟我学习了这么久，却把自己给忽略了，把信心给丢失了，这是我的责任啊！每个人都可以成为优秀的传承者，关键就在于如何认识自己，如何定位自己的优势、积累足够的信心。"

说完这些话，柏拉图就永远闭上了眼睛。这位助手听到这里恍然大悟，心中更加悲伤和困惑不已，因为在关键时刻他选择了消极的心态——不相信自己一定能够成功。

还有这样一个故事。一个牧师周日有一场比较重要的社区演讲，他需要在周六准备好演讲稿。周六的早晨下起了雨，他的妻子有事出去了，小儿子在屋子里不停哭闹，这些情况让他心烦意乱，根本没有心思准备讲稿。他想到了一个办法，得先让儿子有点事干，让他先安静下来，自己才能不受打扰。他随手拿起一本杂志，一边想着问题，一边翻看着杂志，直到发现杂志上的一页世界地图。他把那页世界地图撕下来，然后再撕成小的碎片，走到哭闹的小儿子面前说："约翰，我们来做个拼图游戏吧，这些碎纸片是一张世界地图，如果你能把它拼好的话，就等于发现了一个宝藏，我就给你一块钱。"小儿子一听拼图游戏就来了兴趣，停止了哭闹，趴在地上认真地拼起来，牧师抓住这难得的安静时间，专心致志地思考演讲稿的内容。但是还不到 20 分钟，小儿子就兴高采烈地跑过来了，一边跑还一边喊："爸爸，我完成拼图了，快告诉我宝藏在哪里。"牧师感到非常诧异，即使成年人要拼好那些地图碎片，也需要一两个小时，小约翰怎么能这么快呢。他仔细检查了地图，拼得完全正确，他认真地问儿子："小约翰，你是怎么做到的，怎么拼得又快又准？"小儿子说："很简单啊，地图的背面是一个人的照片，我觉得如果这个人拼对了，那世界也就是对的。"牧师陷入了思考，他重复着儿子的话：人是对的，世界就是对的……他拿出一块钱，高兴地说："小约翰，你真棒，你找到了宝藏，也帮我准备好了明天的演讲稿。人是对的，世界就是对的，你的心态决定了你的世界，这个道理一定会帮助很多人，谢谢你小约翰。"

如果你想改变这个世界，首先就应该改变自己。如果你是正确的，那你的世界也是正确的，这就是积极的心态所解决的全部问题。当你在关键时刻，抱着积极心态时，你遇到的一切问题都会在你面前低头，你也将获得成功的人生。

● 企业的"四大才子"

在工作中亦如此，一个人的心态决定着他的工作效率和价值表现。按照心态的好坏和能力的大小，我们可以把企业中的员工分为"人财、人才、人材和人裁"，称为企业的"四大才子"。

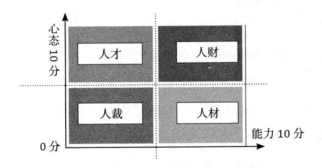

"人财"：有能力，心态也比较积极的人，这类人具有比较强的综合能力，平时对待自己的工作也比较积极认真。这类职场人一般能够胜任自己的工作，也能够为公司带来收益，是公司的财富。他们不仅受到身边同事的欢迎，也能够得到领导的重视，是领导比较喜欢的员工类型。

"人才"：能力不是很高，但是对待工作的态度比较积极。这类人虽然能力不是特别强大，但是能够以积极的态度来对待上级交给的任何工作。虽说这类职场人能力不是很高，但是愿意去学习、去尝试，经过一段时间的锻炼，这类职场人就可以成为"人财"。

"人材"：能力比较高，但是态度不够积极。这类职场人虽然能力比较高，但是对公司和工作的态度有时不是很积极。时间久了，可能会让身边的领导认为他们对公司不上心，公司也比较担心他们跳槽。这类职场人很可能不会被公司重用，但心态一改变就会变成"人财"，成为企业的财富。

"人裁"：没有能力，态度也不积极。在职场中，如果你的能力不强，工作态度积极的话，可能还会被上司认可；但如果你的能力不强，工作又不积极认真的话，就很容易被公司裁掉。

那么，你又是哪一类人呢？

● 行动，修炼你的心态

不管是人生还是职场成就，心态都如此重要。好的心态是可以修炼出来的吗？答案是肯定的。积极的心态是可以学到的，无论你现在的处境、气质和智力如何。拿破仑·希尔说："有些人似乎天生就会运用积极的心态，使之成为成功的原动力，而另一些人则必须通过修炼才能学会使用这种动力。"事实上，每个人都能够通过修炼，学会树立积极的心态。

本书将给予你三大改变方法和三种成就之心，让你修炼好的心态，提升工作价值，获得成功人生。

改变心态的三大方法

1. 信念管理让一切皆有可能。清晰了解信念的形成过程，才能让自己找到并坚守正确的信念，把命运掌握在自己的手里，而不是别人的嘴里。

2. 价值观管理让你变被动为主动。事情本身并不能改变，但我们对待事情的态度（价值观）可以改变，当你的价值观改变了，世界就改变了。

3.情绪管理让你广结善缘。对自己的情绪、行为掌控能力强，才能处理好人际关系，得到更多的帮助，让自己诸事顺利，心想事成！

人生成功的三大成就之心

1.感恩之心让你到达离成功最近的地方。懂得发现和回报他人对自己的付出，感恩所有使你成长的人，你会获得更多的成就。

2.责任之心让你的生命更有价值。责任是一种强大的内在驱动力，让你从普通到卓越、从平凡到伟大。

3.爱之心是一切成功的核心。当你拥有一双发现爱的眼睛，去理解爱、表达爱，你就会获得幸福和快乐。

行动，从现在开始！

信念管理

● 信念让一切皆有可能

什么是信念？

信念是指一个人坚信某种观点的正确性，并支配自己行动的个性倾向，也就是说信念是一个人预先相信的事情。信念是激励一个人按照自己的观点、原则和世界观去行动的坚定的思想倾向，是一个人在长期的实践活动中，根据自己的生活内容和积累的知识经过深思熟虑所决定的努力方向和奋斗目标。

信念强调的不是认识的正确性，而是情感的倾向性和意志的坚定性，它超出单纯的知识范围，有着更为丰富的内涵，成为一种综合的精神状态。

苏东坡曾说："古之成大事者，不惟有超世之才，亦须有坚忍不拔之志。"坚强的意志是一个人成功的必要心理素质，只有坚持不懈、持之以恒，才能圆满地实现自己的人生目标。

村上春树也曾有段话："我或许败北，或许迷失自己，或许哪里也抵达不了，或许我已失去一切，任凭怎么挣扎也只能徒呼奈何，或许我只是徒然掬一把废墟灰烬，唯我一人蒙在鼓里，或许这里没有任何人把赌注下在我身上。这都无所谓。有一点是明确的，至少我有值得等待、值得寻求的东西。"

同样，王小波在《知识分子的不幸》中说过，"作为一个知识分子，我对信念的看法是：人活在世上，自会形成信念。对我本人来说，学习自然科学、阅读文学作品、看人文科学的书籍，乃至旅行、恋爱，无不有助于形成我的信念，构造我的价值观"。

相信"我能够""我可以""我一定行"，是对信念最基本的解读。

20世纪初，有一项冒险活动引起了德国人的关注，那就是单人单舟横渡大西洋。这是一个勇敢者的游戏，既需要航海的知识与技巧，更需要无畏的勇气和必胜的信念，在波涛翻滚的大海上只身搏斗，其实更像一场以生命为筹码的赌博，活动的挑战性和危险性让很多人觉得这是不可能完成的。前后几个月的时间，很多冒险家、水上项目运动员，甚至各行各业的挑战者都驾舟闯进了大洋深处。他们奋不顾身，开始了冒险的征程，大海上时而巨浪滔天，时而倾盆大雨，时而高温暴晒，同时还要面对食物和淡水短缺等困难，更让人难以承受的是无尽的孤独和胜利希望的渺茫。通过报纸、广播，人们在时刻关注这些参加挑战活动的勇士，大家钦佩这些勇士的过人勇气，也都希望他们能够平安归来，让这次挑战活动有一个圆满的结局。可是随着时间的推移，人们总是接到一个个坏消息，那些只身闯入大西洋的勇士接连出现意外，没有人能完成这个挑战，冒险活动似乎成了冒失的自杀行为。这些令人悲痛的消息，似乎在向人们表明一个不容置疑的结论——单人单舟穿越无比广阔、凶险难测的大西洋，是绝不可能的。

人们都沉浸在悲痛与失望之中，开始觉得这项挑战是荒谬的，好像是一场恶作剧。这时，一个医生却站了出来，在报纸上声明这项挑战是可以完成的，自己将用实际行动去证明这一点。他从心理学的角度分析了人们挑战失败的原因，他认为失败的原因不是肉体上的疲惫和脆弱，而是失去了必胜的信念，人在无边无际的大海上，面对难以想象的困难时，一旦信念崩溃，那就肯定有去无回。也就是说，他们不是死于体力上的限制，而是死于信念上的崩溃，死于在冒险中产生的恐慌和绝望。他坚信，一个人只要有信念，就完全可以成功地完成这次冒险。

这位提出相反观点的青年名叫林德曼，是一位从事精神病防治的医学博士。林德曼博士认为一个人只要坚守一种信念，就能保持精神和肌体上的健康，而且还能够战胜看似不可战胜的困难。

为了验证自己的理论，也为了让人们相信信念的力量，林德曼博士不顾亲人朋友的反对，决定加入横渡大西洋的行列。

在出发之前，林德曼博士进行了精心准备，系统学习了航海知识、海洋气象学、帆船驾驶技巧，进行了海上生存训练。做好这些准备工作之后，林德曼博士独自一人划着船驶进了波涛汹涌的大西洋，开始了他独舟横渡大西洋的伟大壮举。

开始几天，林德曼的航行比较顺利，海面上风平浪静，但是好景不长，在林德曼远离大陆之后，海洋上的天气就发生了变化。他遭遇了海上风暴，一时间巨浪滔天、狂风大作，海浪将林德曼的小船打得摇摇晃晃。风暴变得更加猛烈，小船的桅杆被吹断了，船弦被海浪打裂了，船仓里到处是水，眼看船就要沉没了。这时候，林德曼博士一只手紧紧地把住船舵，另一只手舀船仓里的水……面对着惊涛骇浪，他神情坚毅，毫无畏惧。

风暴过去之后，林德曼接连遇到了一系列挑战，好几次都处在死亡的边缘，甚至大脑一片空白，身体也处于麻木状态，只要他稍微一松劲、一泄气，就会葬身海底。在最困难的阶段，林德曼咬牙坚持，并不断鼓励自己，从不允许自己失去信心、陷入绝望，让自己始终有强大的精神动力。

对生存和求胜的渴望形成了他内心中无比坚定的信念，只要信念不垮，他就有力气，就能冲破体力极限，最终他克服了重重困难，成功地横渡了大西洋。

当他成功到达大西洋彼岸时，许多人都被他的精神所感动。事后，他多次谈到自己的成功秘诀："我从内心深处相信自己一定会成功，在艰难中这个信念与我融为一体，它充斥在我全身的每一个细胞中……结果，我成功了，我用实际行动证明了信念的力量。"

所以，不论才能大小、天赋高低，一个人的成功与否都取决于他的信念。相信自己一定能做到，事实上就能够成功；反之，不相信自己，那就决不会成功。

有坚定的信念，即使平凡的人，也能做出惊人的事业来。缺乏信念的人，即使拥有出众的才干、优良的天赋、高尚的品格，也很难成就伟大的事业。一个人的成就，决不会超出他的信念所能达到的高度。

● **信念四性**

1.复合性

信念是人的认识、情感、意志的统一体。信念中包含有一定的认识，如果没有这些认识或观念，人们就没有所相信的对象，从而也就不会有信念。但信念不是冷冰冰的认识现象，它作为人们强烈认同的认识，是与人的感情紧密联系在一起的，坚定的信念往往伴随着炽热的感情。也正因为如此，信念总是在感情的驱使下产生相应的行动。信念不仅仅深藏于人的内心，它总要向外表现出来，表现为行为和实践的意志。在信念的鼓舞下，人们的意志是坚强的，行为是坚决的，而且始终不渝。

2. 稳定性

信念是人们在长期的人生实践中逐步形成的，其中积淀了一个人多年的生活经验，包含了社会环境对他的长期影响。信念一旦形成，是不会轻易改变的。一定的思想观点成为一个人的信念，除了有理智上的反复认识和深刻认同外，还必须有感情上的强烈支持。

信念与人格密切相关，信念的稳定是人格可靠的表现。一个随意改变自己信念的人，是没有原则的、不可信赖的人。斯大林说过，手帕都不是轻易更换的，更何况人的信念呢！这句话在今天仍给人以启示。当然，信念的稳定性不是绝对的，信念作为一种精神现象，是对现实的反映，它必然随着客观实际的改变而有所变化。信念的变化并不可怕，只要信念能不断调整和完善，保持与时俱进，它就能从现实中获得更多的支持，从而更有活力。信念正是在现实变化的考验中变得更加完善、更加坚强的，僵化不变、脱离现实的信念往往是最脆弱的，它经不起现实变化的冲击。因此，坚定自己信念的过程是一个与现实相结合、与实践相结合的过程。

3. 执着性

执着性不仅仅指信念的稳定性，而更多地指向具有坚定信念的人的精神状态和行为状态的稳定性。我们不能脱离拥有信念的人来考察信念的特点，当一个人抱有坚定的信念时，他就会全身心投入到信念所要求的事业中去。精神上高度集中，相信自己，对追求的事业全神贯注，对自己的事业充满热情，行为上坚定不移、始终不渝。应该说，这正是对待事业和生活的应有态度。只有投身于生活的怀抱，生活才能接纳你；只有全力以赴地为事业而奋斗，成功才会向你走来。当然，信念的执着性并不意味着盲目地排外，并不意味着信仰的狂热和失去应有的理智，而应该保持比较广泛的社会联系，倾听现实的声音，并保持判断是非的能力。另外，信念的执着是人们对人生大本大源、对社会事业的执着，而不是对个人名利的执着。事实上，当一个人执着于自己的人生信念和理想时，就会超脱个人名利，成为心胸宽阔、精神自由的人。

4. 多样性

信念与理想是紧密相联的，正像理想是多种多样的一样，信念也是多样化的。不同的人由于成长环境和性格等方面的原因会形成不同的信念。即使是同一个人，也会形成关于社会生活不同方面的多种信念，比如在政治、经济、科学、道德、审美、事业、学业、生活等方面，都会形成某种信念。面对信念的多样性，一方面要承认这是正常的现象，不强求信念的一致；另一方面又要看到，在一定的社会中，人们各自的信念有着相同之处，从而可以形成共同的信念，而且同一个人的不同信念之间也往往有内在联系，从而形成信念体系。如果一个人的许多信念相互矛盾，不能形成一个和谐的整体，那么他在行为选择时就会进退失据、无所适从。事实上，一个人所拥有的多种信念的大小和层次是不同的，有的处于最高的层次，有的处于中间层，还有的处于最低层，它们各安其位，形成有序的信念系统。其中，高层次的信念决定着低层次的信念，低层次的信念服从于高层次的信念，这个信念系统可以说就是这个人的信仰。同时，由于最高层次的信念具有最大的统摄力，我们又往往把它称为信仰。需要说明的是，由于用词习惯等原因，我们很多情况下所讲的信念其实不是低层次的零散的信念，而是指人的基本信念或信念体系，以及人的信仰。

● 信念的形成

信念是一个人通过过去经历的事情，获得了一定的体验、形成了一些观念，并不断坚定这种观念的重复行动，最终固化而成的。

行动教育的李践老师相信学习能改变命运，并秉承着这样的信念去行动，不但自身善于学习，而且在行动教育中推行学习型文化，打造学习型组织。他要求"行动人"要一专多能，在某一个领域打造自身的尖刀能力，做到不可替代，这背后就是要不断学习，所以每个"行动人"必须做到每周读一本书，团队每月组织一次读书会。他的信念又是如何形成的呢？他曾分享过自己的故事。

我出生在一个普通的家庭，八岁的时候家里相当贫困，父母没有钱，没有学历，也没有资源和关系，是什么改变了我？我上初中的时候，每个假期都出来勤工俭学。那时我经一位同学妈妈的介绍，到一个图书馆里做临时工，就是这次机会使我的人生发生了彻底改变。在整理图书的过程中，我看到了一本书，书名叫《成功之路》，里面的内容一下把我吸引住了。书里面介绍的是当时欧洲各国、美国以及中国知名企业家们成长的历程，包括李嘉诚、松下幸之助、洛克菲勒、卡耐基等。我当时大受启发，这些人都出身贫寒，历尽坎坷，最终凭着决心、坚韧和不断的学习，取得了令人敬佩的成就。从那个时候开始，我相信学习能够改变命运，并努力不断地学习，大量阅读各种类型的书籍。现在我仍每天坚持学习三小时，坐车时看培训光盘，走路时听课程录音，候机、乘机时看管理书籍，经常是抱着书就睡着了。我看过了超过20000本书，上过各种各样的培训课程。我今天所取得的成就，和我不断学习有非常大的关系。1985年，我在家乡当地发起并推广跆拳道运动，先后培养了多名国家级、省级运动员。1992年，我又白手起家创办风驰广告公司，那时我每天早上四点钟起床，看书学习到七点钟，每天早上学习三小时，一直坚持了八年。八年后，企业资产增长了1500倍，股东投资回报率高达292倍，培养出77位职业经理人，产生了56位百万富翁。2007年1月，我正式出任行动教育董事长，我要把行动教育打造成中国实效培训的第一品牌，并成为企业管理教育板块上市的第一股。

● **信念是人生成功的法则**

信念决定行为，行为决定结果，结果决定成就。一个人的行为是受信念支配的，而他所创造的结果是由行为产生的，结果的累积又成为他一生的成就，所以有什么样的信念，就会产生什么样的结果，就会获得什么样的人生成就。

有一个女孩子在一家工程公司做秘书，每天就是帮助工程师和老板整理文件、安排日程、接听电话，她自己也知道做秘书没有什么技术含量，更没有很好的发展前途。

她很想改变现状，尽管她没有学历，也没学习过工程方面的专业知识，但是她很喜欢写作，也梦想自己能成为一名作家。空闲的时候，她就读书看报，然后也试着自己写一些东西，朋友给她介绍了一位作家老师，她感到非常高兴，经常发邮件给这位作家，希望他能成为自己的文学领路人，帮助自己走上创作的道路。

"即使没有稿费也可以，我希望自己的作品能快点发表，这样我就不用再做秘书工作了。"她似乎已经意识到，当秘书不是长久之计，自己必须要尽快改变现状。在这样一个小公司，她既没有晋升的空间和机会，也没有培养技术专长的基础，她对自己的职业已经失去了信心。

这位作家告诉她一些写作方法，并对她的作品提出了修改意见，鼓励她慢慢来，但是她的进步情况并不理想。

在接下的日子里，公司的工作很忙，她没有了空闲时间，还经常加班，回到家以后她就没有任何创作的激情和灵感了。时间一长，她的写作计划就停止了，方格纸上的文字很少增加，作家的指导意见也被她渐渐遗忘了。直到一年后，她还是在原来的岗位上，做原来的事情，偶尔很忙，偶尔很闲，未完成的书稿一直搁置在家里。

当她开始写作的时候，发现写作并不像她想象的那么容易，写作需要时间，需要在一天的劳累后挤出时间，需要克服困难的恒心和毅力。忙碌的琐事带来的劳累把她打败了，一部难以完成的书稿把她打败了，她轻易找到了放弃的借口，因为她确实很累、时间很少，因为她确实没有写作经验，文笔也不好，文学创作的难度太大了。

一天又一天，一年又一年，她仍然在继续做那些琐碎的秘书工作，仍在担心自己的前途，偶尔也会想起自己的作家梦，但是她却不愿意再拿起笔，也无法战胜自己的困惑与惰性。她没有勇气辞掉自己的工作，没有逼迫自己快速转行的信心和魄力，甚至开始三天打鱼两天晒网，在工作中敷衍了事，对生活失去了信心和斗志。

很难想象，她最终从秘书工作中走出来是什么时候，她坚定地完成第一部像样的书稿是什么时候。当她只有愿望，而没有付诸行动的努力，没有持之以恒的信念时，理想的生活就会远离她，人生的目标就永远不会实现。

一个没有信念，或者不坚持信念的人，只能平庸地过一生，而一个坚持自己信念的人，永远也不会被困难击倒，因为信念的力量是惊人的，它可以改变生活，形成令人难以置信的强大力量。

随着《哈里·波特》系列图书和电影风靡全球，其作者和编剧J.K.罗琳成了英国最富有的女作家。2017年8月3日，《福布斯》杂志公布2017年全球收入最高的作家排名，J.K.罗琳以9500万美元排名第一位，同年12月，罗琳被英国王室授予名誉勋位。

回顾罗琳成长的足迹，她曾经有一段非常穷困落魄的时期，而她成功的原因就在于她始终坚守自己的信念，始终在文学道路上努力进取。罗琳从小就热爱文学，喜欢写作和讲故事，据说6岁时就创作出第一篇故事。在她成长的过程中，这种创作的动力和激情从未消退过，因为她渴望成为作家，渴望用文字创造历史、改变人们的生活。上大学时，她主修法语和古典文学，毕业后只身前往曼彻斯特和葡萄牙，她做过一段时间商会秘书、英语老师，也在一所大学短暂工作过，在此期间她从未放下过写作。

罗琳有一段不太幸福的婚姻，她曾与一名记者坠入情网，并迅速结婚。婚后丈夫经常殴打她，并不顾她的哀求将她赶出家门，罗琳只好带着三个月大的女儿杰西卡回到了英国。

丈夫离她而去，工作没有了，居无定所，身无分文，再加上嗷嗷待哺的女儿，罗琳一下子变得穷困潦倒。她申请到一份福利救助金，但是只能勉强维持女儿的衣食，经常是孩子吃饱了，她却饿着肚子。

尽管当时婚姻和事业都陷入失败，但是这并没有打消罗琳写作的积极性，用她自己的话说："或许是为了完成多年的梦想，或许是为了排遣心中的不快，也或许是为了每晚能把自己编的故事讲给女儿听。"越是在艰难困苦的时候坚守梦想，越能体现出主人公的顽强毅力，也越能体现信念对生命的支撑作用、对走向成功的助推作用。

就这样，在女儿的哭叫声中，她的第一本《哈利·波特与魔法石》诞生了。当时这本书并不被看好，首印只有几百册，但是罗琳觉得自己的作品能够出版发行，就离自己的作家梦不远了。后来《哈利·波特与魔法石》得到了苏格兰艺术协会的资助，并获得了英国国家图书奖儿童小说奖和斯马蒂图书金奖章奖。从此以后，罗琳一炮走红，接连创作出七部《哈利·波特》系列小说，先后被翻译成67种文字，在全球发行五亿册，引起了全世界的轰动，成为出版界和文学界的一个奇迹。

罗琳始终坚守自己的信念，并用她的智慧与执着赢得了巨大成功。在面对生活的困顿和磨难时，她从未中断过文学创作，她用文字记录所思所想、人生百态，也用文字打败一切困难。在她心中，那个瘦小的、戴着圆形眼睛的、前额上有一道闪电状伤疤的"小巫师"一直召唤着她攀登文学的高峰。

信念决定了一个人的潜能，支配着人们所有的行动，最终决定了一个人所能获得的成就。

● 铸就个人的成功信念

第一，必须坚信信念的力量

当你坚信某一件事情的时候，就无疑给自己的潜意识下了一道不容置疑的命令，有什么样的信念就决定你会有什么样的力量，一切决定、一切思考、一切感受与行动都会受控于某一种力量，它就是信念。信念是创造无限可能的力量源泉。

当我们每天打开电脑，大部分人都会看到 Windows 的操作界面，人们都说 Windows 操作系统是一个伟大的发明，它真正让个人电脑成为现实；人们也都说比尔·盖茨是一个天才，他在计算机编程方面拥有过人的天赋。但是真正推动比尔·盖茨成功的不是计算机天赋，而是常人难以想象的付出和拼搏，更是相信自己的事业能够改变人类科技历史的坚定信念。盖茨并非是研究个人电脑的第一个人，在他之前已经有一家公司开始研发系统，但是这家公司遇到了难以逾越的障碍，研发陷入停滞。盖茨了解到情况以后，和搭档一起用 BASIC 语言编程，从而解决了个人操作电脑的系统性难题。后来，盖茨又经过不断尝试和改进，一次次努力探索，终于研发出了 Windows1.0，这种视窗操作系统让电脑操作更简便、更直观。在研发 Windows 系统的过程中，盖茨和搭档为了实现心中的理想、坚守自己的信念，孤独地走在前无古人后无来者的路上，付出了超乎想象的艰辛与努力。

　　微软公司的成功为盖茨带来了巨额财富，也带来了很高的社会声誉，所有这一切都源于盖茨的坚定信念，因为信念能让人发挥出最大的潜力。

　　在竞技体育界，曾经有一个打不破的怪圈——谁都不能在四分钟内跑完一英里，尽管有很多人接近了这个极限，但是没有人能打破这个魔咒。很多年过去了，围绕这个极限的挑战依然在继续，很多人努力尝试，但是都失败了。直到1954年，优秀的英国田径运动员罗杰·班尼斯特打破了这个纪录，他之所以能够成功，一方面是由于他的科学训练、刻苦努力，另一方面是他对自己进行持续的心理暗示，从而树立打破这个魔咒的坚定信念。在训练过程中，罗杰在头脑中模拟自己打破纪录的过程，按照每个时间点设计好跑过的距离，并一段一段努力实现，最终他跑进了四分钟以内，突破了所谓的极限。在罗杰的鼓舞下，一年之内就有37人跑进四分钟以内。由此可见，不是人类的体力做不到，而是人们挑战极限的信念不够坚定。当然，我们不是要宣扬信念万能论，而是要让人们看到信念的力量，在能力离极限不远的时候，信念往往会起到决定性作用。就像罗杰所说的：如果一个人可以在痛苦的努力中将自己推进到更远的地方，这个人就能获得胜利。在痛苦中依然坚守信念、坚持努力，就一定会成功。

人们常常会对自己的能力产生"自我设限"的感觉，其中的原因可能是过去曾经失败过，因而对于未来也不敢奢望会有成功的一天。所以，如果你要成功，就必须建立正确的信念，并相信信念的力量。信念是人生的太阳，它将永远照耀着你的人生之路，守护着你获得成功。

第二，系统地模仿成功者的信念

不要向平庸者寻求答案，不要简单地去赞同多数人的想法。超凡成功者常常是少数，世界上最成功的信念就在那些顶尖人物的脑袋里。只有成功者的信念系统才能快速帮助我们获得成功，所以我们要系统地模仿成功者的信念。

成功者的信念有哪些呢？以下是决定一生成就的 10 大信念。

（1）我是最棒的，我一定会实现目标

跳蚤是动物界的跳高冠军，它轻轻一跳就能超过自己身长的 400 倍，可以说让任何一种动物都望尘莫及。你把跳蚤放进一个水杯里，它能轻轻松松从里面跳出来。如果我们在水杯上加一个玻璃盖呢，再把跳蚤放进去，我们可以隐约听到跳蚤跳起后碰撞玻璃盖的声音，它一次次跳起来，一次次撞在玻璃盖上。这样的碰撞让跳蚤感到"无所适从"，但是习惯性动作让它继续着"跳动的人生"。一段时间后，跳蚤开始调整跳动的高度了，仿佛一次次碰撞让它"吃一堑长一智"，调整之后它就不会再撞到玻璃盖了，在水杯中不知疲惫地跳动着。这时候，如果我们把玻璃盖轻轻去掉，跳蚤还会维持那个高度，不会从水杯里跳出来，好像它已经"记住"了那个高度。

被玻璃盖限制住的跳蚤，已经失去了跳高冠军的头衔，好像水杯的高度就是它的极限，完全"忘记"了自己 400 倍身长的最好成绩。让这只跳蚤重新跳出水杯的办法非常简单，在杯底加热或者突然敲击水杯，让跳蚤感受到危险，它就会奋力一跳，从水杯的危险环境中逃之夭夭。在现实生活中，是否也有许多人过着这样的"跳蚤人生"，年轻时敢拼敢闯，天不怕地不怕，敢于跳起来去冒险和尝试，但是经历了一次次失败以后，我们便开始怀疑人生，开始抱怨这个世界不公平。一次次打击之后，我们不再奋力追求成功，不再挑战自己的潜能，而是不断降低自己的标准，即使原有的"玻璃盖"已经没了，我们也不会再超过那个高度。可能是因为我们已经被撞怕了，不敢再跳，或者已经习惯了，不想再跳。人们往往因为害怕努力以后仍两手空空，害怕被"玻璃盖"碰撞的疼痛感，而甘愿忍受平淡的生活。难道跳蚤真的不能跳出这个杯子吗？绝对不是，它只是无法跳出自己心里的限制，就像我们认为自己做不到、做不好，在磨难中失去信心和勇气。

（2）我是一切的根源

一个年轻人刚换了工作，只身一人来到一个陌生的城市，他走出车站，看到有一个修鞋的老师傅在忙碌着，于是他就想向老鞋匠打听打听这个城市的情况。他走到修鞋摊前说："老师傅您好，我刚从别的城市过来，人生地不熟，想问问这个城市怎么样啊，这里的人怎么样啊？"老师傅停下手里的活，不紧不慢地说："小伙子刚下车吧，你原来工作生活的城市怎么样啊，那里的人怎么样？"年轻人叹了一口气说："我原来工作的城市很不好，人与人之间当面一套、背后一套，要时时刻刻提防别人，不然就得吃亏上当。"老师傅仔细地打量了一下年轻人，接着说："唉，我们这个城市也一样啊，你还是要面对原来的情况。"年轻人听了以后默默走开了，他的心情很沉重。过了几天，又来了一个外地来的年轻人，同样走到鞋摊前，问了老师傅同样的问题，老师傅也问他原来的城市怎么样，年轻人说："那个城市的人太好了，互相真诚关心，友爱谦让，人与人之间总能开诚布公地交流，我非常怀念那里。"老师傅说："小伙子，你太幸运了，我们这的人也是一样的，人人都积极向上、心地善良，你随时都可以体会到真诚关爱的氛围。"

心理学家艾利斯有一个著名的"ABC 情绪理论"，他认为诱发性事件 A（Activating event 的第一个英文字母）只是引发情绪和行为后果 C（Consequence 的第一个英文字母）的间接原因，而引起 C 的直接原因则是个体对诱发性事件 A 的认知和评价而产生的信念 B（Belief 的第一个英文字母）。人的消极情绪和行为障碍结果（C），不是由于某一激发事件（A）直接引发的，而是由于经受这一事件的个体对它不正确的认知和评价所产生的错误信念（B）直接引起的。错误信念也称为非理性信念，非理性信念会导致我们的非理性行为，以至于让我们失败。

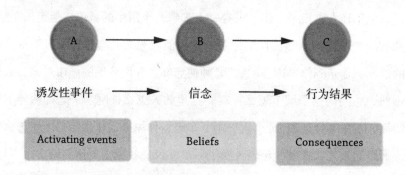

就如叔本华的一句名言：事物本身并不影响人，人们只受对事物看法的影响。我们可能无法左右事情，但我们至少可以调整心情。无数事实告诉我们：一切结果的根源常常不是事物的本身，而是有权对该事物做出不同评价与解释的我们自己，我是一切的根源！我们可能无法掌控风向，但我们至少可以调整风帆；我们可能无法左右事情，但我们至少可以调整心情。让我们不再抱怨，因为我是一切的根源。

（3）不是不可能，只是暂时没有找到方法

以前人们认为"水不可能倒流"，现在我们知道，那是因为他们还没有发明抽水机。现在的人一定认为"太阳不可能从西边出来"，未来的人可能会说，那是因为当时我们还没有找到让人类能居住的另一个"太阳正好从西边出来"的星球而已。不是不可能，只是暂时没有找到方法，让我们不要给自己太多的条条框框，不要总是"自我设限"。假使"不可能"已成为一个人或一个企业的"口头禅"，他们就会慢慢陷于"这不可能，那不可能"的氛围中，也许就注定他们在竞争的大潮中难有辉煌，并最终被那些不说"不可能"而只专注于找方法的人所淘汰。失败一定有原因，成功一定有方法。让我们调整好自己的注意力焦点，把"不可能"这个消极的字眼从我们的"个人词典"或"企业词典"中永远删去，因为即使真的遇到难题，我们至少还可以说：不是不可能，只是暂时还没有找到方法。

（4）成功一定有方法

在"创造力"训练中，有一个著名的训练案例：回形针有多少种用途？

你第一反应也许只能说出夹文件。

打开思路，你也许就能发现它有更多的用途：做绳子、钉子、导线、纽扣、手饰、发夹、鱼钩、牙签……日本有一位科学家宣称已列出了回形针的 2400 种用途。

南京有一位学者宣称，他能列出三万种！回形针到底有多少用途？

只要你愿意去找，你是否会同意这个答案——无数种！

一根小小的回形针既然能有无数种用途，那解决一个难题，怎么就不会有"无数种"方法呢？打破思维框架，绝不自我设限。失败一定有原因，成功一定有方法。

　　一家建筑公司的老板突然收到一份奇怪的账单，账单上所列的东西不是任何建筑器材，而是两只小白鼠。老板想不明白，公司买两只小白鼠干什么？难道是员工买的宠物吗？这不是假公济私吗，用公司的钱给自己买宠物。他有些生气，觉得有必要把事情查清楚，并做出相应的惩罚，以儆效尤。

他找到那个买小白鼠的员工质问："你觉得小白鼠很好玩吗？你为公司买了两个宠物吗？"员工看到老板有些生气，但并不急于为自己辩解，而是反问到："上周咱们公司去修的那所老房子，电线都安好了吗？""安好了。"老板没好气地说，"你问这个干吗？快说你买宠物的原因。"

员工回答道："维修那所老房子的工作我也参加了，那个房子的电线断了，而线路管道都砌在墙里面，管道又细又长，还拐了好几个弯。当时，我和杰克试着用穿线器把电线往里穿，却怎么也穿不进去。后来我想了一个主意，到一个宠物店买来两只小白鼠，一只公的，一只母的。然后把一根线绳绑在公鼠身上，把它放到管道的一端，杰克把母鼠放到管道的另一端，再喂它一些吃的，逗它吱吱叫。公鼠听到母鼠的召唤，便会顺着管道钻进去，公鼠在管道里能灵活拐弯，一会就从管道钻了出来。我们再把线绳解下来，系上穿线器，小心翼翼地拽过去，这样终于解决了重新布线的难题。我们既不用拆墙，又不用换管道，可以说省时省力省钱，相比较而言，那两只小白鼠的钱简直不值一提。"

老板听了以后恍然大悟，转怒为喜，他想不到这个员工为了完成任务、解决难题，想出了这么巧妙的方法，而且成本非常低。从此，这个员工就成了老板重点培养的对象，有什么工程都带着他，也随时倾听他的意见，这位员工也越干越好，职位不断提升。

所有看似复杂的事情，或看似难以解决的问题皆可找到简单易行的解决方法，成功一定有方法。

（5）成功者找方法，失败者找借口

杰出人士与平庸之辈最根本的差别，并不在于天赋或机遇，而在于是否具有成功的态度，这种态度就是失败了不找借口，而是从自己身上找原因。

美国的西点军校赫赫有名，它不仅培养了一批批优秀的军事人才，也培养出无数商界的精英。在这所学校里有一个悠久的传统，就是学生遇到军官问话时，只能有四种回答——"报告长官，是！""报告长官，不是！""报告长官，不知道！""报告长官，没有借口！"除此之外，不能多说一个字。

"没有任何借口"是西点军校奉行的最重要的行为准则，是西点军校传授给每一位新生的第一个理念。它强化学员要想尽一切办法完成任何一项任务，而不是为没有完成任务去找借口，哪怕是看似合理的借口。其核心是敬业、责任、服从、诚实，这也是众多著名企业建立杰出团队、提升企业凝聚力的最重要的准则。

在美国内战时期，林肯总统曾花费很长时间寻找一位能战胜南方联军的将领，因为在战争初期，罗伯特·李指挥的南军曾多次击败北军，实力强大的北方联邦却常常需要面对战场失利的尴尬局面。林肯认为主要原因是军队指挥官不能很好地执行命令，前线的军队没有形成统一行动，为了扭转这个局面，林肯急需找到一个勇于行动、敢于负责、敢于向敌人进攻，并击败敌人的将领。林肯先后任命了四名总指挥官，而他们没有一个人能"百分之百地执行命令"。最后，这个任务被格兰特完成了。

1862 年 2 月 6 日，西线指挥官格兰特将军率领近两万名士兵，在海军准将富特的炮艇护送下，乘运输船沿田纳西河而上，开始了美国内战历史上最富想象力的战役，先后攻克了亨利堡和多纳尔森堡。格兰特的勇猛震慑了南军，南军派出使者来谈判，希望格兰特将军能够答应他们开城投降的条件。格兰特将军坚定地说："没有任何条件可讲，只有马上无条件投降，否则立即下令进攻！"

这些充满胜利信心的话语使北军大受鼓舞，格兰特也因此赢得了"要求无条件投降的格兰特"这一美称。当南方军队竖起白旗，一万多名士兵放下武器时，格兰特取得了自内战开始以来北军的第一次重大胜利，从而收复了肯塔基和田纳西。

格兰特将军因战绩卓著而被人们熟知，也因此而获得了选民的支持，顺利当上了美国总统。有一次，他回母校西点军校参加集会，一名学员问格兰特："总统先生，您是我们西点军校的骄傲，请问是什么精神支持您勇往直前？""没有任何借口。"格兰特回答。

执行上级的命令，全力以赴地完成，即使牺牲自己的生命也在所不惜，这是千百年来每个军人最基本的职责。千万不要寻找借口，也许它能为你带来一时的安逸、些许的心灵慰藉，但是却会让你付出更昂贵的代价。

在生活中，只要细心去找，我们总会有很多借口。借口成了一面挡箭牌，某件事一旦办砸了，总能找出一些冠冕堂皇的借口，以换得他人的理解和原谅。找到借口的好处是能把自己的过失掩盖住，把应该自己承担的责任推卸掉，心理上得到暂时的平衡。但长此以往，则有害而无益，因为有各种各样的借口可找，自己就会疏于努力，不再去想方设法争取成功，而是把大量的时间和精力放在如何寻找一个更合适的借口上。

优秀的人从不在工作中寻找任何借口，因为他们知道，寻找借口的恶习一旦养成，失败也就会接踵而来。杰出人士与平庸之辈最根本的差别，并不在于天赋，也不在于机遇，而在于是否具有成功的态度，这种态度就是失败了不找借口，而是反躬自省，从自己身上找原因。

比尔·盖茨曾说："为失败找借口的人是懦夫！"

面对失败从不找借口的比尔·盖茨，曾拟了一份私人备忘录，标题是《微软最大的错误》。在这份备忘录里，他说："公司迟于察觉互联网的成长与发展，才是最大的错误。"

为了战胜对手，微软曾两度试图进军小巧的掌上型电脑市场，却都功败垂成，但善于在失败中寻找取胜方法的比尔·盖茨，于1998年又率领他的伙伴们挟着手掌大小的个人电脑，重返市场。

微软为什么能发展壮大到今天，而且在电脑操作系统领域夺得了霸主的地位？就是因为在微软允许你失败。比尔·盖茨这样说过："失败属于意料之中的事，通向成功的大道上不可能不伴随着失败。聪明的人不是为失败找借口，而是认真寻找失败的原因。"

在微软公司里，人们发现一个有趣的现象：犯错误的人反而得到提升。当然，由于能力不足或愚蠢，也可能发生本应避免的失误，这种情况需要区别对待。总之，搞清楚错误产生的原因至关重要。

其实，失败的结果就是试图去尝试其他可能。在许多情况下，你能够找到足以奏效的另一种方法、另一套系统、另一种解决方案。正视失败意味着迅速找到另一条成功之路，而不是对项目完全否定。

成功者找方法，失败者找借口；要成功就不要有借口，要借口就难以成功；当你没有借口的那一刻，就是你成功的开始。正如波兰科学家居里夫人所说："失败者总是找借口，成功者永远找方法。"

（6）命运在自己手里，而不是在别人的嘴里

不管别人怎么跟你说，不管"算命先生们"如何给你算，你都要记住，命运在自己的手里，而不是在别人的嘴里！

正如电影《阿甘正传》里的阿甘，一个智商只有 75 的人，他小时候就总被那些自认为比他聪明的同学欺负与嘲笑。他听从心爱女孩珍妮的意见，开始用跑来避开那些欺负他的同学，结果他学会了跑步，并依靠这一特长成为橄榄球明星，后来又成了战争英雄、乒乓外交的参与者、成功的捕虾商人、徒步美国的人……他在所涉足的所有领域，都取得了令人瞩目的成就。在电影里阿甘经常重复一句话："妈妈说，人生就像一盒巧克力，你永远不知道会尝到哪种滋味。"所以，他不断"奔跑"，将自己的命运把握在手里。

古往今来，凡成大事者，都是在不停地奋斗，奋斗的意义就在于用其一生的努力，去换取想要的生活和改变人生的命运。

（7）每天进步一点点

有一首童谣：失了一颗铁钉，丢了一只马蹄铁；丢了一只马蹄铁，折了一匹战马；折了一匹战马，损了一位将军；损了一位将军，输了一场战争；输了一场战争，亡了一个帝国。

荷塘里有一片荷叶，它每天会增长一倍。假使 30 天荷叶会长满整个荷塘，那么请问在第 28 天，荷塘里有多少荷叶？答案是只有四分之一荷塘的荷叶。这时，假使你站在荷塘的对岸，你会发现荷叶是那样少，似乎只有那么一点点，但是第 29 天就会占满一半，第 30 天就会占满整个荷塘。整个过程中，荷叶每天变化的速度都是一样的，可是前面花了漫长的 28 天，我们能看到的荷叶就只有那一个小小的角落。很多人常常只对"第 29 天"

的希望和"第30天"的结果感兴趣，却因不愿忍受漫长的努力过程而在"第28天"放弃。

成功就是每天进步一点点！成功来源于诸多要素的几何叠加。正如数学公式中每天只增加了1%，乘积将很快会成倍增长，一年下来，就是37.8倍。比如每天笑容比昨天多一点点，每天行动比昨天多一点点，每天创新比昨天多一点点，每天的效率比昨天高一点点……假以时日，我们的明天与昨天相比，将会有天壤之别。成功就是简单的事情重复去做，成功就是每天进步一点点。

一个人，如果每天进步一点点，哪怕是1%的进步，还有什么能阻挡得了他最终的成功呢？一个企业，如果"每天进步一点点"成为其企业文化的一部分，当其中的每个人每天都能进步一点点时，还有什么障碍能阻挡得住它最终的辉煌呢？竞争对手常常不是被我们打败的，而是他们自己忘记了每天进步一点点。成功者不是比我们聪明，而是比我们每天多进步一点点。

（8）没有失败，只是暂时没有成功

一部电影的片酬高达3000万美元的好莱坞巨星西尔维斯特·史泰龙，年轻的时候在好莱坞跑龙套，一天只挣一美元。为了生活他后来又到拳击馆去当陪练，每次都被打得鼻青脸肿。后来，他立志要当影星，于是四处自我推销，居然被人拒绝了一千多次还没有放弃。最后，他终于在电影《洛基》中担任了主角。《洛基》的剧本是史泰龙自己编写的，剧中男主角的生活原型就是他自己。从此，他一炮而红，并成为"自我超越、顽强拼搏、个人奋斗"的美国精神的象征。在史泰龙的眼里，这个世界没有失败，只是暂时没有成功。肯德基快餐店老板山德士上校65岁开始创业，起初他只是向人推销他的炸鸡秘方，目的是为了拿点现金去创业或占点股份、赚份收入，没想到推销了很多次都没卖出去！最后，被逼无奈，只好自己创业，这才有了今天的肯德基。在山德士上校的脑海里，这个世界上也没有失败，只是暂时没有成功。成功人士们有一个共同的特征，在他们的字典里，没有"失败"二字，只有"暂时还没有成功"。

（9）千万不要依赖他人来保障自己

直立行走，让类人猿终于成为万物灵长；扔掉手中的拐杖，你才可以走出属于自己的路。人生的轨迹不需要别人规定，只有自己才能为自己的人生画布着色。去掉依赖，独立完成人生的乐谱，相信你一定能奏响生命的雄壮乐章。世上有一种人，总是存在极强的依赖心理，习惯依靠拐杖走路，尤其是依靠别人的扶助才能走路。生活中最大的危险就是依赖他人来保障自己。"让你依赖，让你依靠"，就如同伊甸园的蛇，总在你准备努力拼搏一番时引诱你。它会对你说："不用奋斗了，你根本不需要。看看，这么多的金钱，这么多好玩、好吃的东西，你享受都来不及呢……"这些话，足以抹杀一个人奋勇前进的雄心和勇气，阻止一个人利用自身的努力去换取成功的快乐，让你日复一日原地踏步，止水一般停滞不前，以至于到了垂暮之年，你才会终日为一生无所作为而悔恨不已。而且，这种错误的心理还会剥夺一个人本身具有的独立的权利，使其依赖成性，依靠拐杖而不想自己一个人走。有依赖，就不会想独立，其结果是给自己的未来挖下失败的陷阱。你就是主宰自己命运的神灵，一个人即使骑的是一匹羸弱的老马，但只要马缰掌握在自己手中，就不会陷入人生的泥潭。人只有依靠自己，才能拥有持续发展的动力，才能从成功走向更大的成功。抛开拐杖，自立自强，这是所有成功者的做法。其实，当一个人感到所有外部的帮助都被切断之后，他就会尽最大的努力，以最坚韧不拔的毅力去奋斗，而最后他也会发现自己可以主宰自己命运的沉浮。

（10）立即行动

有一个笑话，一个穷人每天都去庙里拜神："神啊，求求你，让我中大奖吧。"最后，神终于无奈地说："我也求求你了，想要中大奖，请你先去买张彩票吧！"行动不一定会有结果，但不去行动就一定没有结果。

人生最昂贵的代价之一就是凡事都等待明天。

不知道大家是否还记得寒号鸟的故事。森林里的秋天来到了，虽然阳光还很温暖，但是鸟儿们都知道要做好过冬的准备。只有寒号鸟到处炫耀自己的羽毛，站在树枝上卖弄歌声，它看到别的鸟飞来飞去，反而嘲笑不已。好心的鸟儿提醒它说："快垒个窝吧！冬天的风实在是太冷了。"寒号鸟轻蔑地说："着什么急啊！明天再垒窝也来得及，趁着今天阳光明媚，我们还是尽情地玩吧！"

就这样，明日复明日，寒号鸟一直没有垒窝，可是寒冷的风雪却谁都不会等。到了晚上，风雪更大了，天气更冷了，鸟儿们都在暖和的窝里休息，寒号鸟却在寒风中瑟瑟发抖，美丽的羽毛带不来温暖，它不停地哀叫着："寒风冻死我，明天就垒窝。"

第二天，风停了，雪停了，太阳出来了，沐浴在阳光中，寒号鸟觉得冬天也不过如此，忍一忍就过去了，完全忘记了昨晚的痛苦，又快乐地歌唱起来。

别的鸟儿劝它："快垒个窝吧，不然晚上又要冻得哀叫了。"

寒号鸟嘲笑地说："不会享受的家伙。"

寒风夹着雪花又来临了，寒号鸟又重复着昨天晚上的故事。就这样重复了几天，暴风雪突然降临，鸟儿们半夜醒来都觉得奇怪，怎么没有寒号鸟哀叫的声音呢。等到太阳出来，大家出去寻找才看到，寒号鸟早已冻死了。

"明日复明日，明日何其多，我生待明日，万事成蹉跎。"明天永远都不会来，因为来的时候已经是今天。只有今天才是我们生命中最重要的一天，只有今天才是我们生命中唯一可以把握的一天，只有今天才是我们可以用来超越对手、超越自己的一天。不要把希望寄托在明天，希望永远都在今天，就在现在。立即行动！只有行动才会让我们的梦想变成现实。立即行动！只有大量的行动，才会让我们不断超越对手、超越自己。

立即行动！只有行动可以解决一切问题。

把立即行动的信念写下来，把它们贴在墙上，放在最显眼处。

把成功者的信念写下来，放在钱包里、贴在墙壁上、写在笔记本的首页上，让自己每天可以重复看到，运用潜意识中视觉化的力量不断强化，直到成为生命中的一部分。

2016 年，行动教育的年度销售冠军是上海公司一位名不见经传的伙伴王廷老师。2014 年入职后，他曾经三个月没有任何业绩，差点就要被公司辞退了（在行动教育公司里，如果三个月不能卖出一堂"赢利模式"的课程，那么就要被淘汰），但是他一直坚信"我是冠军，我一定能成为冠军"。每天早上他对着镜子大喊"我是冠军，我一定能成为冠军"，并把这句话做成小卡片，放到任何自己可以看到的地方，比如办公桌上、钱包里、西装口袋里、手机桌面上、床头等。最终，信念的力量通过视觉化不断增强，王廷老师经过三年的打拼，成为集团年度销售冠军。当然，喊口号是外在的表现，最重要的因素还在于坚定信念，并按照科学的方法去努力。

成功，从坚守信念开始！

● 打造团队的信念系统

企业使命就是团队的信念

企业使命是什么？就是企业经营的哲学，是一家企业告诉用户，他到底是谁？他为什么而存在？从企业的使命到团队的行动，需要信念去影响，也就是说企业的使命要从企业的创始人、管理层传递给团队的每个人，成为整个团队共同的信念。共同的信念就如同"胶水"，可以将团队强有力地结合在一起。

麦肯锡 1996 年全球合伙人会议在佛罗里达州麦肯锡公司总部召开，与会者是来自全球各地的 500 名麦肯锡公司合伙人。麦肯锡德国业务的缔造者和设计师赫伯特·亨茨勒正在演讲台上讲话，突然从会议室后面传出一声急促甚至近乎声嘶力竭的尖叫："不，赫伯特，这绝对不行！"

和往常一样，亨茨勒一边演讲，一边在大屏幕上播放幻灯片，每张幻灯片上只有一个单词。他的演说主题紧扣大屏幕上的关键词，在他看来，这些词所代表的行动就是确保麦肯锡未来的基本前提。几个词极其醒目地占据了整个屏幕：创新、改进、与时俱进、改革，在翻过最后一张由几个单词构成的页面后便是结束页，同样是简洁、夺目的一行大字——改造经营体系。

"赫伯特，这可不行，你的幻灯片有错误！"一位略显驼背的老者迫不及待地冲到会议室的中间过道上，他几乎是跳过身边座位上的人冲出来的。"我们不是在做生意，我们是专业公司！我们有一个专业体系，但绝不是……在……经营生意！"这个怒不可遏的打断者就是麦肯锡的前首席合伙人——马文·鲍尔。尽管已有93岁高龄，但鲍尔的威信和斩钉截铁的态度，还是让整个会议室立刻变得鸦雀无声。

顿时，亨茨勒满脸涨得通红，站在演讲台上目瞪口呆。所有人的目光都集中到鲍尔身上，他的整个职业生涯都在为麦肯锡成为全球顶级专业公司而奋斗。他追求的绝不"只是一个企业"，在他看来，要实现成功，就必须永远都不犯错误。就像他在过去60年里反复强调的那样，今天的鲍尔再一次告诫与会者："如果我们怀疑某件事可能只符合商业利益，但缺乏真正的专业性，那就绝对不要去做！"在澄清了自己的立场之后，鲍尔回到位于会议室后部的座位上。随后走上讲台的是麦肯锡公司日本业务的传奇领导者大前研一，但他的演说再次遭到马文·鲍尔声色俱厉的驳斥。在演说中，大前研一首先对等级森严的日本财阀企业综合体模式提出了批评，并提及这种企业模式对各种咨询业务（当然也包括麦肯锡公司）的漠视。对此，大前研一再次提出一个大胆而有想象力的解决方案，在日本航母型企业组织的核心管理层，总会有一些在任者被思维开放的新人所取代，这些新任管理人员不仅关心旁观者想的是什么，而且更愿意尝试新的思维方式。他在演说中还指出，这个问题的解决方案很清楚：麦肯锡应涉足高层人才的猎头业务。当然，在大前研一的策略中，还隐含着更深层的含义，麦肯锡可以借助猎头业务向企业输送高层管理者，然后再通过这些安插到企业内部的新领导者优先获得咨询项目——既然我们帮你找到了这份工作，那么你现在为什么不能帮我们在你的公司里争取一些咨询业务呢？鲍尔再次愤然起身，这一次为了让所有人都能看到自己，听到自己的话，他径直冲到会议室的最前面，大声叫嚷："大前，大前！我们绝对不能做猎头业务！摇着尾巴向客户公司的管理者祈求一些业务，那样做一点儿都不专业，一定会出现明显的利益冲突问题！"

整个会议中，这样的插曲一直不断出现，只要有人将麦肯锡和业务联系到一起，这位倔强的老人就会无一例外地打断发言者的讲话。毫无疑问，今天的鲍尔正在走上职业生涯的第二段里程：致力于将麦肯锡打造成一个真正的专业化组织，让每个专业人士都有责任提出不同见解。鲍尔所做的，正是为了实现这个核心价值，而他领导这场运动的手段就是挑战成见、质疑一切。

和平时一样，鲍尔再次占了上风。"马文是佛罗里达会议的中心人物，不管是谁，只要观点与公司追求专业化的首要目标相冲突，就会遭到他毫不留情地鞭挞与打击。"回忆起当时的情形，麦肯锡的资深合伙人查尔斯·肖如是说，"他是当天名副其实的主宰者。几年过去了，现在回想起来，我依旧相信，他的这些话于情于理都是毋庸置疑的，他为我们成为一家专业咨询公司并取得长期成功做出了不可估量的贡献。他告诉麦肯锡人，麦肯锡到底是什么。"

麦肯锡到底是什么？马文·鲍尔坚信麦肯锡不只是经营业务，更是提供专业服务的公司，这是他一直不遗余力传播的企业使命，也是要传递给团队的信念。

那么企业应如何设定和践行使命，并从企业的角度相信这一使命必然实现呢？

首先，企业使命是清晰的，并体现到企业为用户提供的核心价值中。如福特汽车初创时的使命是"让每个人都买得起汽车"，阿里巴巴的使命是"让天下没有难做的生意",行动教育的使命是"让实效教育改变世界"。

其次,企业使命是可以清晰诠释的,并让内部员工和外部用户、供应商等所熟知,而不是无法描述的口号。比如"创造价值""创造利益"等过于空泛,就很难转化成具体的经营行为,而无法描述的一定无法管理,无法管理的一定无法执行。比如行动教育坚守"让实效教育改变世界"的信念,做任何事情都坚持实效第一,这是让行动教育成功的必备能力,针对实效第一原则,又制订了五条行为准则和对应的15条落地标准。

再次,使命必须转化为企业的日常经营行为,保证能够落地生根。福特汽车公司本着"让每个人都买得起汽车"这一企业使命,在汽车生产过程中,不断优化流程,再造生产线,并在车辆的颜色和外观上尽可能减少变化,从而创造规模效益,进而带动下一轮降价循环。成本管理已经成为企业文化渗透在每一个员工行为的每一个细节里。

阿里巴巴围绕着"让天下没有难做的生意"这个使命,在经营模式设计过程中,降低进入平台的客户门槛(网上开店起步资金不高),努力提高便捷性(跨越地域间隔的买家与卖家及时交互平台和软件)、安全性(第三方支付体系的保障)等。

行动教育秉承着"让实效教育改变世界"这个使命,致力于打造实效教育的生态圈。第一,顶尖的实效导师团队,每名导师均拥有15年以上的企业高层管理的丰富实操经验,保证为企业客户带来实质性的效益提升,同时公司内部拥有强大的自主研发能力,打造成难以复制的核心竞争力;第二,实效的课程产品体系,秉持"实效第一"和"一米宽、一千米深"的专精深经营理念,着力打造帮助企业提升竞争力的产品;第三,实效的团队落地行动,将复杂事情简单化,为用户创造超出期望的价值。

最后，任何职位和层次的管理者，都应该将防止公司偏离自身的使命作为核心职责之一，坚守企业的信念，如上述篇章中分享的马文·鲍尔的故事，就体现了这一点。

每个伟大的公司都有一个直接而清晰的长期目标。一个鼓舞人心、令人向往的使命，是照亮自身前行方向的"灯塔"，需要深入骨髓、血液，这是企业每个经营行为的指导原则，也是团队每个人的信念所在。

团队信念的落地行动

对于企业来说，企业使命是企业创始人和管理层必须相信并坚守的信念，但要让团队理解、相信并付诸行动是非常有挑战的。当企业发生变化和进一步发展时，也会对团队每个人的信念系统产生影响，这时领导者必须有能力管理好团队每个人的信念。

如何将企业使命落地，真正形成团队的信念系统呢？

（1）使命感教育

使命感是决定团队行为取向和行为能力的关键因素，是一切行为的出发点。具有强烈使命感的员工不会被动地等待着工作任务来临，而是积极主动地寻找目标；不是被动地适应工作的要求，而是积极主动地研究、变革所处的环境，并且会尽力做出有益的贡献，积累成功的力量。企业各层级的管理者，从老板开始，要反复宣讲使命，并带领全员为使命而工作，而不是为了老板、为了企业，也不是单纯为了一份薪水而工作。

有人问三个正在教堂工地施工的建筑工人同样的问题："你在干什么？"第一个工人说："我在砌砖头。"第二个工人说："我在建世界上最大的教堂。"第三个工人说："我在建设一个净化人们心灵的场所。"为什么做同样的工作，三个人的回答却有天壤之别呢？其实这种巨大的差异完全来源于他们对自己所做工作的使命感认知不同。

在行动教育公司，每天早上都会背诵企业使命。在新人培训中，不是先做产品培训，而是先由董事长李践老师进行公司的使命宣讲，让每个新人从进入公司开始就树立正确的企业信念。

（2）团队信念评估

在企业中，无论是老板还是员工，他们潜在的信念对于坚守企业使命、实现企业愿景目标都极其重要。一方面，团队中的每个人都是企业使命的践行者和战略计划的具体执行者，如果他们的信念与企业使命有冲突，那么就无法做到齐心协力、万众一心。另一方面，强大的信念可以调动每个人的潜在能力——这些能力储存于个体或团队的内部，只是等待被激活。

现在给大家提供一个评估个人或团队信念的方法，即从五个方面进行打分。

将你对下述各项陈述的信心按1~5分评分，并将得分写在空格内，1分为最低，5分为最高。如果得分低说明团队成员对企业的使命、目标及实现目标的自我能力存在抗拒和怀疑心理，信念不够坚定。

A：这个目标是有必要、有价值的。

| 1 | 2 | 3 | 4 | 5 |

B：我能实现这个目标。

| 1 | 2 | 3 | 4 | 5 |

C：为了实现这个目标，我很清楚需要做什么，这样做是合理的，不会妨碍到他人。

| 1 | 2 | 3 | 4 | 5 |

D：我（我们）具有实现目标所必需的能力。

| 1 | 2 | 3 | 4 | 5 |

E：我（我们）有责任实现目标，这个结果是我们应得的。

| 1 | 2 | 3 | 4 | 5 |

信念评估表

用一句话描述出要实现的目标或结果：

目标／结果：＿＿＿＿＿＿＿＿＿＿＿＿＿＿＿＿＿＿＿＿＿＿＿＿

简短地描述一下实现目标的计划或解决问题的方案（如果有问题的话）：

计划／解决方案：＿＿＿＿＿＿＿＿＿＿＿＿＿＿＿＿＿＿＿＿＿

作为管理者把企业使命、愿景传达给员工之后，接下来要做的很重要的一件事就是评估整个团队对使命愿景的信念。出现怀疑最多的地方，就是最需要关注的地方。如果有人对某句陈述表现出特别强的信心，那么就应该向他取经，把他掌握的信息和理由传递给其他信念不足的人，同时领导者还要给予更多的资源支持，以增强其他人的信念。

（3）标杆表彰仪式

坚定的信念在团队中是可以相互感染，所以要在团队中树立标杆，用标杆的信念去鼓励其他人，并通过公开化的仪式传播出去，这将会促进个体信念转化为团队的信念。

比如在行动教育公司，每月、每半年、每年都会有冠军颁奖会，而且会邀请获奖员工的家人一同出席颁奖仪式。所有为实现企业使命而贡献价

值的行为都应该被鼓励、被传颂，而且要有家人的见证，这会进一步增强
荣誉感，不但会让标杆本人的信念更加坚定，同时也将标杆的信念进行传
播，影响到更多的员工，使大家相信企业的使命，愿意秉承着这样的信念
去行动。

价值观管理

● 价值观决定行为

故事一

春秋时期，楚国人卞和在楚山（一说荆山，今湖北省南漳县）看见一只凤凰落在一块青石板上，当时人们都认为凤凰不落无宝之地，所以卞和相信楚山中肯定有非常名贵的宝石。经过很长时间地仔细寻找，他终于发现了一块璞玉，那块璞玉看上去和石头没什么区别，所以卞和的朋友们都将信将疑。卞和执意要将玉石献给楚厉王，但是宫廷玉工没有切开石头，就直接将璞玉判定为石头，卞和被判为欺君之罪，并砍下了左脚。

楚厉王去世后，武王即位，卞和不听亲朋好友的劝阻，又将璞玉献上，玉工仍然判定为石头，可怜的卞和又被砍去右脚。等到楚文王继位后，卞和没有去进宫献玉，而是抱着那块璞玉在楚山下痛哭流涕，一直哭了很长时间。文王知道以后觉得很奇怪，派人去问他："天下被砍去双脚的人很多，为什么你却如此悲伤？莫非是后悔犯了欺君之罪吗？"卞和感叹道："我并不是因为经受酷刑而伤心，而是因为宝石被看作石头，忠贞之士被当作欺君之臣，因为是非颠倒而痛心啊！"

文王听了以后，愈发想知道卞和献上是不是宝石，就命人当场剖开璞玉，结果真得到了一块无瑕的美玉。为褒奖卞和的忠诚，美玉被命名为"和氏之璧"，也就是后世传说的和氏璧。

故事二

有个英国学者曾做过一个比较荒唐的试验。

他问两个人："如果我给你们一万英镑，你们会把老婆卖给我吗？"两个人都坚决地摇头，表示那绝对不可能。

他又问这两个人："如果我给你们十万英镑，买你们的老婆，你们会卖吗？"一个人依然摇头，另一个人想了想，却点头答应了。

他再问那个摇头的人："如果我给你一千万英镑，买你的老婆，你卖吗？"这个人仔细考虑了一下，终于点头了。

故事三

在一次企业培训会上，培训师一开场就高举着一张 50 美元的钞票，面对着参加培训的数百名员工问道："谁想要这 50 美元？"在场的人都把手举了起来。培训师接着说："我打算把这 50 美元送给你们中的一位，但是在送出去之前，我会先做一件事。"说着，他将钞票用力揉成一团，然后又打开皱皱巴巴的钞票问大家："谁还要？"仍有很多人举起手来。

他又说："假如我这样做呢，还会有人要吗？"他把钞票扔到地上，并用一只脚碾了几下。他拾起钞票，那张钞票已经变得又脏又皱。

"现在谁还要？"还是有人举起手来。

　　培训师接着说："朋友们，你们已经上了一堂很有意义的培训课。这张又脏又皱的钞票蕴含着一个道理，无论我如何对待它，尽管它的外观变脏变皱，你们还是想要它，因为它没有贬值，它依旧是50美元。在人生道路上，我们会无数次遭遇失败、挫折和意外打击，会陷入困境或者绝望，甚至被人踩在脚下，以至于我们自己都会觉得一无所有了。我想让大家记住，无论发生过什么，或将要发生什么，你们都永远不会丧失价值。在我看来，成功或失败，衣着整齐或衣衫褴褛，你们依然都是无价之宝。生命的价值不依赖于我们身处何位，拥有多少资产，也不决定于如何受人追捧，而是取决于我们本身，取决于我们的奋斗！"

上面三个故事内涵不同，相信每个人对此的看法也不尽相同，但这三个故事阐述了一个共同的道理，即行动都是价值观的体现。

　　那么什么是价值观呢？我们来认识下，再据此分析上述三则故事的启示。

　　个人价值观是指一个人对周围的客观事物（包括人、事、物）的意义、重要性的总评价和总看法。简单来说，个人价值观就是一个人认为目前最重要的事和分辨是非好坏的标准，而这种对各种事物的看法和评价在心目中的主次、轻重的排列次序，就是价值观体系。价值观和价值观体系是决定人们行为的思想基础，个人价值由个人自定，只要不损害他人权益即可。价值观通过人的行为取向和对事物的评价、态度反映出来，是驱使人们行为的内部动力。

　　一个人的价值观是后天形成的，受家庭、学校、职场等社会环境的影响，特别是生活、学习、工作等环境对个人价值观的形成起着关键性作用。

个人价值观有一个形成过程，是随着个人知识水平的增长和工作、生活经验的积累而逐步确立起来的。个人的价值观一旦确立，就会形成一定的价值取向和行为定式，是不易改变的，除非遭受到改变人生的重大事件，比如重大挫折、生死考验等。

既然家庭、学校、职场以及周围的社会环境决定了价值观的形成，而每个人身处的社会环境都不太一样，那么每个人的价值观都是不尽相同的，这决定了每个人的行为差异。就像故事一所说的那样，卞和认为自己取得了美玉，但是那些所谓的鉴定专家却认定这块玉是一块石头，而仅仅是因为一块石头，统治者就对卞和进行了残酷的打压。

一个人的价值观决定了此人的价值取向，而价值取向又决定了这个人的思维和行为方式。如故事二中，一万英镑跟十万英镑相差很远，当十万英镑可以买走自己老婆的时候一个人点头了，另一个人还在摇头，这说明老婆在这两个人心中的地位是不一样的。当十万英镑变成一千万英镑的时候另一个人也点头了，老婆在那个人心中并非无价之宝，只是价位不到不出手而已。虽然故事中用金钱去衡量爱人的价值有失偏颇，但我们只是为了说明价值观对行动的影响。每个人心中都有一杆秤，都有一个衡量事物的标准。每样事物也都是可以衡量的，只是衡量的标准不一样，价值的高低就不一样，有的东西有价，有的东西无价。衡量价值的标准也并非只有金钱，有价的东西可以用金钱来换，无价的东西恐怕钱是买不到的，这时就会体现价值观的作用了。可见，钱不是衡量价值的唯一标准，最重要的东西用钱买不到，比如健康的身体、和睦的家庭。然而，一切东西都不是一成不变的，当人们认为这个东西不是无价之宝时，这个东西自然就不值钱了，就像无知的人拿着几百年前老祖宗留下的看起来破破烂烂、锈迹斑斑的宝贝去当破烂卖，事后得知真相却悔之晚矣。如果身逢乱世，就算明知道自己怀中所藏是稀世珍宝，可大难当头身家性命尚且不保，又何谈珍宝价值所在呢？

　　作为一个有独立思想的人，最重要的是肯定自己的价值。这就需要先对自己的价值判断标准作出客观的评价，看看是否正确，如果自己所坚持的是正确的，那么就不要左右动摇。在故事三中，演讲家的试验说明，50美元的纸币无论怎么揉怎么踩，它还是50美元。当一些人随着别人或者受到环境影响要去改变自己的价值取向时，自己更应该坚持心中的真理。我看到过一位朋友写的文章：市场里的小贩们因为下雨纷纷降价出售自己的货物，唯有一个人坚持不降价。尽管别人费尽口舌劝说，天都黑了而且马上就下雨了，还不如便宜卖给我，这样你可以早点回家……他还是坚持不降价，因为他明白一个道理，如果降价的话，别人看到他急于出手，那么肯定会借机进一步讲价。出门买东西经常会遇到这样的卖主，如果他要100元，你出90元的话通常是无法直接买到东西的。如果你出60元，只要这个价位不低于他的成本价，那么肯定会有商谈的余地。如果你越坚持，那么实际买到东西的价格就会越接近于你的心理价位。无论是卞和还是那些最后举手要拿那张被踩踏的破烂肮脏的20美元的人，他们都在坚持自己心中的价值，因为他们知道自己所坚持的是正确的。

● 价值观改变人生

　　人与人之间只有很小的差异，但这种很小的差异经过实践改变后却往往形成巨大的差别，很小的差异就是所具备的价值观是正向的还是负向的，巨大的差别就是成功与失败。

　　曾经有一个寓言故事，我们在这个故事的基础上，又演绎出更多的版本。在一位农夫的果园里，紫红色的葡萄挂满了枝头，令人垂涎欲滴，果园附近的狐狸们早就想品尝美味的葡萄了。

第一只狐狸来到了葡萄架下，它发现葡萄架要远远高出它的身体。它站在下面想了想，不愿就此放弃，机会难得啊！想了一会儿，它发现了葡萄架旁边有一个梯子，回想农夫曾经用过它，所以它也学着农夫的样子爬上去，顺利地摘到了葡萄。这只狐狸相信问题能够解决，所以它直接面对问题，积极主动想办法，最后解决了问题。

第二只狐狸来到了葡萄架下，它也发现以自己的个头太矮，怎么往上蹦也碰不到葡萄。因此，它心里想，这个葡萄肯定是酸的，吃到了也很难受，还不如不吃。于是，它心情愉快地离开了。

第三只狐狸来到了葡萄架下，它看到高高的葡萄架并没有气馁，它想我可以向上跳，只要我努力，就一定能够得到。它跳了很长时间，跳得越来越低，最后累死在葡萄架下，献身做了肥料。

第四只狐狸来到了葡萄架下，一看到葡萄架比自己高，愿望落空了，便破口大骂，撕咬自己能够抓到的葡萄藤，正巧被农夫发现，一铁锹把它拍死了。

第五只狐狸来到了葡萄架下，它一看自己的身高在葡萄架下显得如此渺小，便伤心地哭起来了。它伤心的是为什么葡萄架如此之高，自己辛辛苦苦等了一年，本以为能吃到，没想到是这种结果。

第六只狐狸来到了葡萄架下，它仰望着葡萄架，心想既然我吃不到葡萄，别的狐狸肯定也吃不到，如果这样的话，我也没什么好遗憾的了，反正大家都一样。

第七只狐狸来到了葡萄架下，它站在高高的葡萄架下，心情非常不好，它在想为什么我吃不到呢，我的命运怎么这么悲惨啊，想吃几个葡萄的愿望都实现不了，我的运气怎么这么差啊？它越想越郁闷，最后郁郁而终。

第八只狐狸来到了葡萄架下，它尝试着跳起来去摘葡萄没有成功，它试图让自己不再去想葡萄，可是它抵抗不了，它听说有别的狐狸吃到了葡萄，心情更加不好，最后它一头撞死在葡萄架下。

第九只狐狸来到了葡萄架下，同样是摘不到葡萄。它心想，听别的狐狸说，柠檬的味道似乎和葡萄差不多，既然我吃不到葡萄，何不尝一尝柠檬呢，总不能在一棵树上吊死吧！因此，它心满意足地去寻找柠檬了。

第十只狐狸来到了葡萄架下，它看到自己的能力与高高的葡萄架之间有差距，认识到以现在的水平和能力想吃到葡萄是不可能的，因此它决定利用时间给自己提高能力，报了一个课程进修班，学习攀爬葡萄藤的技术，最后当然是如愿以偿了。

第十一只狐狸来到了葡萄架下，它同样也面临着相同的问题。它转了一下眼睛，把几个同伴骗来了，然后趁它们不注意，用铁锹将它们拍昏，再把同伴摞起来，踩着同伴的身体，如愿以偿地吃到了葡萄。

第十二只狐狸来到了葡萄架下，这是一只漂亮的狐狸小姐。它想我一个弱女子无论如何也够不到葡萄啊，我何不利用别人的力量呢？因此，它找了一个男朋友，这只狐狸先生借助梯子给狐狸小姐摘到了最好的葡萄。

第十三只狐狸来到了葡萄架下，它对葡萄架的高度非常不满，这导致了它不能尝到甜美的葡萄，于是它就怪罪起葡萄藤来。它说葡萄藤太好高骛远，爬得那么高，说葡萄的内心其实并没有表面看上去那么漂亮。发泄完之后，它平静地离开了。

第十四只狐狸来到了葡萄架下，发现无法吃到自己向往已久的葡萄，它看到地上已经腐烂的葡萄和其他狐狸吃剩下的葡萄皮，它轻蔑地看着这些，作呕吐状，嘴上说："真让人恶心，谁能吃这些东西啊。"

　　第十五只狐狸来到了葡萄架下，它既没有破口大骂，也没有坚持不懈地往上跳，而是发出了感叹，美好的事物有时候总是离我们那么远，这样有一段距离，让自己留有一点幻想又有什么不好的呢？于是它诗性大发，一本诗集从此诞生了。

　　上述 15 只狐狸的故事，很好地说明了一点：事情本身不能改变，但我们对待事情的态度和价值取向可以改变。问题本身不是问题，我们看待问题的价值取向才是问题。不同的价值观导致了不同的行为，最终决定了不同的收获。

　　由于价值观能够左右一个人的思想言行，所以无论情况好坏，都要抱着正向的价值观，这样生命的价值就可以更高。一个人有什么样的价值观，便有什么样的人生。影响我们人生的绝不仅仅是环境，因为价值观决定了一个人的思维和行为，同时价值观也决定了我们的视野、事业和成就。

● 树立正确的价值观

　　个人价值观的树立与个人所受的教育、文化背景、生活习惯、性格与经历都有关系，受到社会环境的影响。那么应该树立什么样的价值观，才能支持一个人获得成功的人生呢？我们应该认识到，社会环境是一个大熔炉，每个人想把自己炼成钢铁还是矿渣，在很大程度上与个人价值观有很大的关系。高层次的价值观可以使人更清晰地了解事物的发展规律，辨别事物的正反两面，更加准确地对待身边的人与事，甚至更加理性地去理解其中的得与失，让自己获得长远收益，而不是眼前的利益。

　　有一次公司召开年度总结大会，约定所有参会人员，每迟到 1 分钟就要交成长赞助金100元。第二天早上，一位副总裁因为处理紧急的公事迟到了50分钟，按照会议的纪律，应该赞助5000元。作为一个公司高层的管理者，违反了共同约定的规则，是承担责任能够得到更多，还是找个借口推卸责任能够得到更多？这位副总裁选择了承担责任，立即缴纳了5000元的成长赞助金。随后他专门买了一个相框把收据裱了起来。他说承担责任是他的价值观，愿意承担责任的人一定会获得更多。未来他会拿着这个相框，给所有客户和团队成员讲这个故事，让每个人知道他是一个遵守规则并敢于承担责任的人。从眼前的利益来看，这位副总裁损失了5000元钱，但从长远的利益来看，承担责任的人一定会受到客户和团队成员的信任，因此会获得更多的机会和团队的拥护，也会让他收获更大的成就。

我们应该明白，如果一个人的价值观跟社会普遍的核心价值取向相差太远，就会遭受一些困难，生活、工作都会受到阻碍，让自己郁郁不得志。比如在工作中，几个人一起完成某项工作，但在推进的过程中，遇到种种问题，这时其中一个人可能就会抱怨别人没有花力气，或者做事情不对。原因是什么？他希望把本来应该自己承担的责任和所犯的错误推卸出去，这样自己就会感觉轻松一些。这与社会普遍的价值取向——清楚地认识、承认并解决自己的问题，才能真正解决问题——是背道而驰的。这样抱怨的最大问题就是它会使人陷入恶性循环，当这个人不停地抱怨，就会对周围人产生更多的不满，而这种不满会让他看到周围人更多的不好之处。如此一来，周围人也就不愿意再与这个人交往，他就会失去机会、失去别人的信任和支持。慢慢地，他会认为社会对自己越来越不公平，可能还会产生越来越阴暗的心理，最后极有可能造成精神极度紧张，甚至会得抑郁症。

我们应该清楚，树立正确的价值观，要从小的环境开始，即从你所在的企业和工作环境开始，了解、理解、认同并遵从企业的价值观、职场人的共同价值观。这样你就知道什么是重要的，什么是可有可无的；什么是该做的，什么是不该做的；什么是要珍惜的，什么是要抛弃的。这样你才能够与企业推崇的行动方向保持一致，真正体现自我奋斗的价值，使企业成为发挥个人价值的舞台！

决定一个人成功与否的价值观有很多，在这本书里重点讲两个方面，即积极主动和保持乐观。积极主动和保持乐观能帮助我们改变对事物的看法，让我们快速从负能量转变为正能量，真正掌控我们的人生，获得更多的成就。

● 变被动为主动

人生被动的后果

案例一：错失良机

在我们生活中，有些人看到机会就在面前，却迟疑不定、犹豫不决，不主动去争取，最后等到错失良机时又会追悔莫及。某信息工程学院的毕业生小王在学校发布的招聘信息中，看到了自己心仪已久的知名电信公司，经过对照招聘要求，他发现自己各方面条件都符合。小王心中非常高兴，刚要拿起电话联系电信公司时，又心中犹豫此时主动联系是否有些冒失，还是等到招聘会上现场询问比较好，反正这家公司要来学校招聘。

后来，这家公司真的来了，但让小王没有想到的是，人力资源部门负责人非常抱歉地说："真对不起，其实前几天很多毕业生就联系过我们，我们提前安排了一次面试，现在适合你的岗位已经招满了。"听了这些话，小王感到后悔不已，机会就这样在犹豫中错过了。像小王这样的例子，我们并不陌生，明明为了一个机会做了长时间的充分准备，然而当机会真正来临时，却又打起了退堂鼓，不想主动，不敢争取，与成功的机会失之交臂，只留下遗憾和悔恨。

案例二：被动挨打

进攻是最好的防守，要先发制人，这样的经验经常被教练们用来指导运动员，当然同样的道理也适用于我们职场上的竞争。在常规的工作环境中，基本上每个单位都是金字塔结构，向上发展的职位总是有限的，需要你去主动争取、全力以赴，但是有些人不敢主动出击，以至于将小麻烦拖成大麻烦，始终被动挨打。

小马是公司的总裁助理，可以说很有发展前途，可是最近因为工作失误被总裁狠狠批评了一顿。小马心里觉得委屈，认为自己没有功劳也有苦劳，这次失误也不是自己一个人造成的，当然更害怕失去总裁的信任，让领导不再看好自己。

那段时间，小马既不主动找总裁承认错误，不跟总裁推心置腹地交流，也不认真反省吸取教训，反而消极回避和应付，给总裁的工作带来了更多的麻烦。无奈之下，总裁把小马调离了助理岗位，想让他去销售部磨练磨练。本来总裁并没有对小马完全失望，但小马的信心却遭受了严重打击，总觉得这样被调离很丢脸，是总裁在故意为难他，他始终没有仔细查找原因、勇敢面对问题。从此以后，小马对待工作就更不主动了，整天得过且过地混日子。销售部将情况反映到总裁那里，总裁彻底失望了，小马被公司辞退了。我们设想一下，如果小马能积极主动面对问题，及时向总裁承认错误，找出工作中的不足，认真加以改正，最后的结局肯定会不一样。

案例三：一事无成

我们耳熟能详的一段名言：一个人的生命应当这样度过，当他回首往事的时候，不会因虚度年华而悔恨，也不会因碌碌无为而羞愧！同样，当我们退出职场、职业生涯画上句号，甚至在生命的终点回顾一生时，会不会因为一直等待、从未主动，最终一事无成而遗憾终生呢？

小王来自贵州，小李来自广州本地。两人同一天进入广州一家鞋厂上班，被分配在一个办公室。

上班时，小李总是姗姗来迟，下班却是最积极的一个，碰到加班，就以各种理由不加班。

小王呢，每天上班总是早到，下班总是最后一个走，加班从不请假。

小李每天下班回家，都能吃上父母做的饭菜，并且他父母经常跟他说，如果工作做得不开心就回家，反正家里也不缺他这点工资。

而小王呢？来自贫穷的贵州山区，在广州只能自力更生。他在郊区租房子，一到夏天蚊子特别多，又没有空调，而且只要房租迟交几天，就有可能被房东赶出来。

所以小李消极怠工，小王拼命工作。不到两年的时间里，小王从一个普通员工被提升为办公室主任。小李由于表现不佳，最后被公司开除了，虽然后来又断断续续地在几家公司上过班，但最长的都没有做够一年。

10年过去了，小王已是一家有五百多名员工的企业老板。有一次，他在招聘会上看到了小李，问他现在在干什么？小李说："在找工作！"

　　小李因为生活安逸，凡事没有主动意识，工作的时候得过且过，最终在职场上被淘汰，变成职场上的"流浪汉"，只能一事无成！

　　造成这些现状及后果的障碍只有一个，就是不主动！不主动，或者被动的具体表现为：

　　（1）犹豫迟疑——像案例一中那个符合招聘单位各项条件的小王，因为犹豫迟疑，错失了一份自己心仪已久的工作；

　　（2）恐惧逃避——当工作中出现失误后，案例二中的小马因为害怕承认错误后老总的责怪，害怕承担责任带来更多的麻烦，最终失去了工作；

　　（3）被动等待——案例三中的小李无论做什么事情，从不主动，总是被动等待，最后导致一事无成。

影响主动的三大原因

　　原因一：没有目标缺斗志——懒得主动

　　没有目标、随波逐流、得过且过，抱着这样的心态，自然谈不上会有主动的意识，更不会有主动的行为。

　　美国哈佛大学、耶鲁大学、卡耐基大学，都做过一个非常著名的、关于目标对人生影响的跟踪调查。调查的对象是一群智力、学历、成长环境等条件都差不多的年轻人，调查结果发现：

　　3% 的人，有十分清晰的长期目标；

　　10% 的人，有比较清晰的短期目标；

　　60% 的人，目标模糊；

　　27% 的人，完全没有目标。

　　25 年之后的跟踪调查发现：

那 3% 有清晰长期目标的人，他们几乎都成了社会各界的成功人士，生活在社会的最上层。

那 10% 有比较清晰的短期目标的人，成为各行各业不可缺少的专业人士，如医生、律师、工程师、高级主管等，他们大都生活在社会的中上层。

而那 60% 的人则是生活在社会中下层，能安稳地工作生活，他们好像一生都在忙碌，但是都没有取得什么成绩。

剩下那 27% 的人，则完全处于社会的下层，经常失业，生活动荡。

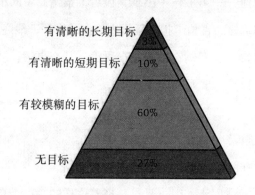

由此可见，目标对人生的重要性。

今天，我们很多人之所以没有主动性，就是因为他们心中缺少梦想、没有目标，所以他们的人生就如浮萍一样，没有方向飘浮不定。

一个没有目标、没有梦想的人，不可能取得人生的成功和卓越成就，因为他得过且过，懒得行动、懒得主动。

原因二：没有信心缺动力——不敢主动

为什么不主动呢？第二个重要原因就是没有信心。

没有信心就怀疑自己：我行吗？我能做到吗？恐怕不行、恐怕不能，还是算了吧、再等等吧，就这样自我暗示、自我纠结，犹犹豫豫，不敢果断做出决定，缺乏前进的动力，也就谈不上主动了。

前面案例中，小王为什么不主动联系自己心仪的工作单位呢？没有信心也许是关键原因之一。

原因三：没有痛苦缺行动——不愿意主动

我们说人的行动有两大动因，一是追求快乐，二是逃离痛苦，其中逃离痛苦让人行动的力量更大。

不主动的第三个原因就是没有痛苦，没有压力。

为什么青蛙能从滚烫的开水中逃生，却在温水中慢慢被煮死？因为在温水中怡然自得，感受不到痛苦。

前面案例中，一同踏入职场的两个年轻人，为什么小王都拥有自己的公司了，而小李却还在不断地找工作？因为小李生活安逸，没有被房东驱赶的痛苦，没有生存的压力，养尊处优，不愿意改变现状，自然就不愿意主动去自我挑战和开拓。

积极主动的三大好处

（1）主动赢得机会

我们在生活中、职场上，都会遇到机会均等的时候，也许大家都做好了准备，或者是大家都没有准备，这时一定要"主动制胜"。

20世纪90年代，北方一个小山沟里的人们生活还比较困难，有一天，一辆小汽车开进了这个偏远的小山村，很多人没见过这么漂亮的汽车，于是都围过来看热闹。在村民注视的目光中，从车上下来几个人，其中一个穿着黑皮夹克的中年男子对大家说："我是一个电影导演，我想找你们拍一部电影，谁想演就站出来！"一连问了几遍，都没有人回应，因为村民们都不相信，也不想出风头。

这时，一个十三四岁的女孩走上前说："我想演。"她长得很朴实，长头发，大眼睛，红扑扑的脸蛋，眼神中透出山里人的淳朴与倔强。

导演看到有人站出来，心里很高兴，直接问道："你会唱歌吗？"

"我会唱。"女孩大方地回答。

"那你现在就唱一个。"

女孩没有犹豫，开口就唱，一边唱还一边跳。"我们的祖国是花园，花园的花朵真鲜艳……"村民们被逗笑了，虽然女孩唱得声音很大，但是跑调了，而且唱到一半还忘词了。

村民都认为导演肯定没选中她，认为这个女孩出了洋相，没想到导演却用手一指："好，就是你了！"这个大胆向前迈一步的女孩就是魏敏芝，她幸运地被大导演张艺谋选中，在电影《一个都不能少》中出演主角，她的名字也被千万观众所熟知。一个小山村里默默无闻的小女孩，因为敢于争取机会，敢于向前迈出一步，从而改变了个人和家庭的命运。

（2）主动创造奇迹

长期、持续地主动会成为习惯，这种习惯一旦养成就会变成本能，本能的力量是无穷的。

我国台湾地区的著名企业家、台塑集团创始人王永庆先生15岁辍学后，就开始自己创业，他先到一家米店做学徒，学习米店的经营知识，然后用父亲借来的200元钱做本金开了一家米店。

城里的米店比较多，为了和隔壁的米店竞争，王永庆想了很多办法。当时大米还是人工收割去皮，加工技术比较落后，所以大米里混杂着一些米糠、沙粒、小石头等。人们买了米下锅蒸煮之前，都要认真挑拣，虽然有些麻烦，但是所有的米都是这样的，也就见怪不怪了。

王永庆觉得这是自己的一个突破口，每次进货以后，他都加班加点把里面的杂质挑拣一遍，米干净了，吃的时候方便了，自然受到顾客的欢迎。

除此之外，王永庆还有一系列贴心的升级服务，比如免费送米上门，进门以后先把米缸擦净晾干，然后再把米倒进去；如果米缸里有陈米，他还会把陈米先倒出来，把新米放进去，再把陈米放在上面，防止陈米因存放过久而发霉变质。

王永庆的米好、服务好、价格公道，为人诚恳老实，始终坚持诚信经商，在顾客中建立了很好的口碑，很多街坊都成了他的长期客户，而且还帮他推荐客户。就这样，他的生意越做越好，正是从这家小米店起步，王永庆最终成为我国台湾地区工业界的"龙头老大"。

这个案例带给我们的启示：当主动成为一种习惯，甚至成为一种本能，就会随时主动出击，给自己创造机会，选择适合自己的路，最终创造更大的奇迹。

（3）主动成就人生

现任恒大集团董事局主席许家印出生于河南省周口市太康县，他自幼失去母亲，在奶奶的看护下长大。1978年，在恢复高考的第二年，年轻的许家印积极备考，回到原来的高中专门补习功课，最终以周口市第三名的成绩考上了武汉钢铁学院。

在大学里，许家印学习了四年的钢铁专业，毕业后被分配到河南省舞阳钢铁公司，在舞钢一待就是 10 年。"舞钢是大型国企，我一报到就主动申请到生产一线——热处理车间，当时学钢铁专业的大学生比较少，所以车间对我非常重视，让我协助车间主任抓好生产管理，一年后我就成为车间副主任，再后来做了车间主任。"

许家印说自己当时是工作狂人，在做车间主任的几年里，几乎没怎么休息过，只要生产线在运转，他就坚持盯在车间，甚至大年三十都会跑到车间里看看。

1992 年初，许家印离开了舞钢，在舞钢的十年留下了他钻研进取、争先创优的身影，同时更形成了他积极争取、主动成长、勇于改变命运的意志品格。借深圳设立经济特区的时机，许家印决定南下找工作，他进入一家刚成立不久、只有几个连锁店的小企业担任业务员。来到新的公司，他能够从零开始，认真研究公司业务，主动争取锻炼的机会，不到三个月就做成了一笔 10 万元的单子，一举成为公司的金牌业务员，让老板都对他刮目相看。

也许是天意巧合，1993 年，许家印所在的公司又注册了一家贸易公司，主要开展与舞钢的合作业务，许家印主动请缨担任新公司的负责人，这是他人生中的关键选择，他把握住了机会。1994 年，新公司走上正轨以后，许家印又选择了广州，重新去开发新的市场。这种开拓性质的工作锻炼了许家印，让他更积极主动，更有战略眼光和敏锐的判断力。1994 年的下半年，许家印带着一个司机、一个出纳，还有两个员工，总共五个人，从深圳来到广州，又一次开始了创业征程。许家印的团队通过积极打拼，收购了一家本地公司，取得了一个名为珠岛花园的房地产项目，这个项目帮助许家印乃至恒大公司确立了今后 20 年的战略方向，也赶上了我国房地产行业快速发展的黄金时期，成就了他创业路上的又一次飞跃。

1996 年，许家印离开深圳的公司，在广州注册了恒大地产公司，开始了第三次创业。经过 20 多年的发展，恒大集团已成为集地产、金融、健康、旅游及体育为一体的世界 500 强企业集团，总资产达万亿元，员工总数达八万人。许家印说："我的个人经历很简单，但过程很艰难，唯有主动承担、克服困难、积极行动、把握机遇，才有了今天的成就！"

养成积极主动的习惯

方法一：目标激励法

目标就像黑夜中茫茫大海里的灯塔，指明和照亮着航行的方向。针对没有目标、缺乏斗志、懒得主动的原因，我们首先提出的解决方案就是目标激励法，共分为三步。

（1）设定目标

设定目标有几个关键点：要明确、要量化、要有挑战性、要有完成的时间节点。比如我们在讨论公司新年规划的时候，不能笼统地说"今年一定要比去年好"，要明确指出来，哪些方面超越去年？是利润增长还是销售增长，是客户增加还是人才培养？都要将目标一一明确。

另外，目标设定要杜绝形容词，比如努力完成、大幅增长、有所提高等，而应该用具体的数字来界定。比如 10 人到岗、50 万元的业绩、3000人次、利润增长 20% 等。只有量化的目标才是可衡量、可考核的。

同时，目标还要有挑战性，如果指标是踮起脚就能达成的，那么目标就必须是跳起来才能够得着的。

比如 2011 年销售额是 5000 万元,设定 2012 年的目标时,不能说是 5005 万元,更不能是 4900 万元,设定成 6000 万元才是一个具有挑战性的目标。只有挑战性的目标,才能促使我们主动出击、加速行动。

最后,目标完成不能无限期拖延,要有时间期限,这样可以体现行动的紧迫性,保证能够持续努力。

(2)目标可视化

人是有惰性的动物,也是安于舒适的,若非万不得已,不会轻易去改变现状、突破自己的安乐窝。

但如果时刻有提醒、有警示,对人的心理作用、行为推动也许就不一样了,所以我们建议目标激励法的第二步就是目标可视化。

将自己设定的目标,图文并茂地制作出来,采用不同形式张贴于自己日常生活工作的场所、视线所及的范围,甚至随身携带的背包、钱包、笔记本等。

目标可视化可以产生强大的自我暗示与激励,当要松懈时、偷懒时、等待拖延时,你就会形成条件反射,告诉自己:不能懈怠!要立即行动!

(3)对目标进行公开承诺

如果说目标可视化会产生一种发自内心的自我管理、自我督促的作用,那么对目标进行公开承诺,就是借助强大的外力推动,也是目标激励法的主要动力源泉。

公众承诺的形式可以是随时随地广而告之,也可以是郑重其事地举行仪式。

承诺的内容包括:目标的明确量化指标,目标完成的时间节点,尤其是达成了对自己、对团队的承诺后会有什么奖励,没有完成的话有什么惩罚。这样可以对目标计划的执行者加强监督,提升行动的主动性、紧迫性,也会使整个团队的积极性被充分调动起来。

方法二：恐惧战胜法

前面原因分析当中谈到，不主动的原因还可能是信心不足，导致自己犹豫、迟疑、恐惧、推卸，最终不敢主动。在这里，我们认为可以通过三大改变战胜恐惧、增强信心，从而让自己变得果断、主动。

（1）改变心态

人之所以恐惧，就是因为没有把握、不能掌控。因此，在面对让我们恐惧的事物时，人们心里总是充满了负面的想法，像"我肯定做不好""我不敢去尝试""这怎么可能完成呢"等。要想战胜这些恐惧，首先要做的就是改变这种消极的心态。

我们可以用激励自己的"咒语"来驱赶恐惧增加信心，例如"不去尝试就没有机会""豁出去了""这是我最后的机会"。通过心态调整，调动起积极的情绪。同时，我们还可以配合相应的肢体动作，例如双手握拳，右拳迅速往眼前30度的方向往上冲，为自己加油鼓气。

我们还可以运用画面联想的方法，想象自己此时就是一个成功者，正在接受鲜花和掌声，下面是崇拜的人群和欢呼声！用成功的兴奋和喜悦替代心中的恐惧与怀疑，让自己的身心充满积极正面的能量。

（2）改变语言

改变语言也就是把经常妨碍自己主动的消极语言，转换成积极语言。例如：把"再等等吧"变成"再等就没机会了"；把"让别人去吧"变成"让我试试"；把"我不行"变成"我一定可以的"。

世界拳王阿里是一个非常优秀的拳击手，他熟知改变心态和心理暗示对人的帮助，在每次比赛之前，他都会大声对自己说"我是最棒的，我一定可以的，我一定可以打败对手"，以此来激起自己的斗志。

（3）改变行为

心态和语言的改变都是在为行动的改变做准备，只有行动改变了才会改变现状，否则一切都是空谈。

做到以下几点，将有助于我们培养工作当中的主动性：

开会总是坐在第一排，第一个举手发言；

见到同事、熟人主动打招呼；

主动汇报工作进程及结果。

久而久之，你积极主动的形象就会深入人心，机会也就会不请自来。

20世纪30年代，在英国一个不出名的小镇里，有一位叫玛格丽特的小姑娘，她自小就受到严格的家庭教育。父亲经常这样对她说："无论做什么事情，都要争取当第一名，要努力做到最好，即使是坐公共汽车，你也要习惯于坐在前排。"父亲给她定了很多规矩，不让她说"我不能，太难了"之类的话。通过家庭教育的潜移默化，玛格丽特从小就养成了事事主动争先，从来不找借口，始终尽全力做好每件事情的良好习惯。高中毕业后，玛格丽特为了能够进入牛津大学学习，将四年的拉丁文课程在一年内学完了，并以优异成绩被牛津大学女子学院录取。从这件事可以看出，玛格丽特有非常顽强的毅力和拼搏精神，只要定好了目标，她就能拼命去完成。玛格丽特不光在学业上出类拔萃，她还积极参加大学的政治活动，并在体育、音乐、演讲等方面崭露头角，是学生中的佼佼者。在日常生活中，她是一个充满阳光、严谨自律的人，得到了老师和同学们的喜爱和尊重。进入职场后，她曾担任化学研究员，干工作积极主动，能够独当一面，并且能及时向领导汇报工作、反馈问题，因而深得领导的喜欢。她所在大学的校长评价说："玛格丽特无疑是我们建校以来最优秀的学生，每件事情都做得很出色。"数年以后，在英国政坛上出现了一颗耀眼的新星，先后担任议员、内阁大臣、保守党党魁，她就是 1979 年成为英国第一位女首相的"铁娘子"——玛格丽特·撒切尔夫人。

方法三：痛苦激励法

一个人之所以不行动，可能是因为目标吸引力不够大，更重要的则可能是因为痛苦不够深！

有一次在上海，我跟几位犹太商人在一起吃饭，现场问了他们一个问题：为什么大多数犹太人都很有钱？

他们回答有两点原因，一是痛苦，二是学习。

他们说，在历史上，只有犹太人经历过如此漫长的屈辱和杀戮。

正是因为遭受过深重的痛苦与屈辱，促使犹太人加倍努力、加倍奋斗，缔造了今天他们在商业领域的各种传奇。

为了让自己主动行动，痛苦激励不失为一个办法。怎么做？我们先看一个案例。

　　我有一个学员在广州一家生产化妆品的公司上班，做仓库管理，名叫何小山，同事们给他取了个外号叫胆小鬼。原来他喜欢上本公司的一个女孩子，但就是不敢跟那个女孩子说，而是托别人告诉这个女孩。

　　有一天这个女孩走到他面前，指着他说："像你这种男人一点勇气都没有，我嫁给你会倒一辈子霉的，我怎么会嫁给你呢，你做梦去吧。"何小山被气得说不出话来，却也无可奈何。

后来他们公司请我做了一堂内训课，在课堂上，我讲道："一个男人最大的失败就是不勇敢，一个不勇敢的男人，没有女孩子愿意嫁。"

课程即将结束的时候，何小山冲上台来分享："老师，今天听了你的课，我一定得冲上台来，以前就是因为我胆小，所以公司同事给我取了个外号，叫胆小鬼，我一直抬不起头来，我想改变，但又不知道如何去改。今天你告诉我，要勇敢去尝试，失败没有什么大不了，我就是英雄，我一定可以的。这些话让我很受鼓舞，我决定从今往后不再害怕，我将以第一名的状态出现在任何环境中。"

最后他还对着那个喜欢的女孩大声地说："我爱你。"

结果，台下响起热烈的掌声，经久不息。

后来听说，这位曾经的胆小鬼主动跟领导要求调到销售部工作，并且逐渐成为公司的销售冠军，公司奖励了他一台汽车。两年之后，他结婚了，结婚的对象就是当初嘲笑他的那个女孩！

通过以上案例，我们来分析一下痛苦激励法的三个步骤。

第一步：放大痛苦——列出不改变现状的三大痛苦，越放大越好。

比如案例中的何小山，我的培训让他感觉到不勇敢、不主动会被自己心爱的女孩鄙视、拒绝；领导不会给机会、职场没发展前途；被同事看不起、没有好的人际关系等。谁想自己的人生如此悲惨呢，自然就会想改变。

第二步：接受痛苦——告诉自己，这就是我目前的现状，我接受，我不否认、不逃避。就像何小山主动说出同事们对自己的嘲笑，接受自己在别人眼中是胆小鬼的事实。

第三步：改变痛苦——立刻行动，制订行动计划，包括改进点、改进措施、监督人等。

比如何小山在课程结束后，立刻冲到台上做分享，大胆地说出对女孩的爱，主动要求调换工作岗位，做有挑战性的销售工作等。

痛苦激励的过程虽然痛苦，却是促使人主动进步的强心针。如果能经受住考验，你的人生将从此改变。

在机会均等的今天，要大声告诉自己——主动制胜！

再送给大家三句话：

主动等于幸福，被动等于痛苦！

主动等于成功，被动等于失败！

主动等于富有，被动等于贫穷！

● 让乐观成为一种习惯

换个角度看问题

乐观，即从积极的方面去看问题。工作中有不少人会整日为一些困难，为上司、同事的几句批评，或者为自己的失败而长吁短叹、忧心忡忡……人在职场，难免会遭遇不愉快，难免会遭遇挫折或失败，如果一味沉溺于此，总是带着消极、悲观的心态面对工作，就会觉得工作是一种痛苦、一种折磨。如果能学会换一个角度，学会从积极的方面去看待问题，便可以让自己本来消极的心境变得亮堂起来，工作中暂时遇到的困难、挫败，都是为未来更大成功做铺垫。

世界上所有的事情都有两面性，我们感觉到的究竟是正面还是负面，是乐观还是悲观，从本质上说，这并不取决于自己当时的心境，而取决于能否从积极的角度去看问题。同一件事情，从消极的方面来看也许是灾难，但换一个角度看也许就是财富。

有一次，曾担任过美国总统的罗斯福家里不幸失窃，被偷走了许多东西。一个朋友闻讯后，特意写信安慰他。罗斯福给朋友回信时这样说："亲爱的朋友，谢谢你来信安慰我。我现在很快乐，因为第一，贼偷去的是我的东西，而没有伤害我的生命；第二，贼只偷去我的部分东西，而不是全部；第三，最值得庆幸的是，做贼的是他，而不是我。"

这是多么乐观的一个人！如果此时一味地陷入愤怒、难过的情绪里，也只能是于事无补。换个角度看问题，无疑是一种人生智慧，也是一门幽默的生活艺术，通过安慰实现自娱，化愤怒为快乐，使失望变成希望。

乐观，就是对未来充满积极的期望。被沙漠包围的罗布泊寸草不生，它的中心有很多楼兰古城的遗址，传说中神秘的楼兰人后代经常在古堡出没，他们会在进出古堡的路边放上一杯清水，挽救了很多奄奄一息的人。沙漠旁边有一个村子，两个年轻人都想穿过茫茫戈壁，到对面的绿洲开拓新的生活。他们先后出发了，开始生死未知的穿越之旅。

第一个人走到古堡的时候，水已经喝完了，他开始绕着古堡寻找传说中的水杯，他很幸运，因为他在一个台阶上发现了那个水杯，但是里面只有半杯水。他觉得上天对他不公平，他觉得自己受到了愚弄，自己已经渴到极点了，却只有半杯水，肯定无法支撑下去。于是，他开始抱怨、责备、诅咒，怪前面走过的人喝了水，怪楼兰人太吝啬，只给了半杯水。

就在他抱怨不停的时候，古堡里刮起了一阵大风，天地间飞沙走石，他什么都看不见了。过了很长时间，风停了，他从沙子堆里爬出来，看到那个水杯被吹倒了，水渗进沙子中，连一点痕迹都没有。这个人受到了很大的打击，他觉得上天在惩罚他，贪婪让他失去了最后的半杯水，恐惧让他绝望了，他永远消失在沙漠里。

第二个人走进古堡的时候，水也喝完了，而且精疲力竭，挣扎在生死边缘，他也幸运地发现了那个水杯。当他同样面对半杯水的时候，他立即端起水杯一饮而尽，然后跪在地上感谢上天，感谢楼兰人的救命之恩。他觉得那半杯水给了自己无穷的力量，他觉得自己被上天所垂青，相信自己能够走出沙漠、找到绿洲。突然间，狂风吹来，沙尘蔽日，他躲藏在古堡的城墙边避风休息。风停之后，他隐约看到了绿洲的影子，他坚定地朝那个方向走去，终于到达了传说中的绿洲，从此过上了幸福的新生活。

对未来有积极的期望，可以形成战胜暂时逆境的信念。

乐观，就是对生活事件的积极解释。任何事情都有两面性，有利也有弊，从积极的角度去解释，便会有不一样的发现。

有这样一个传说。明朝的时候，有一个秀才进京赶考，因为盘缠有限，不能住在城里的大客栈，只能住在城外的一个小客栈里。考试之前，秀才仍在认真复习准备、挑灯夜读。这一天，他趴在桌子上睡着了，一连做了三个梦，第一个梦是自己在墙上种白菜，第二个梦是自己下雨时既戴了斗笠又打了伞，第三个梦则是自己跟最喜欢的姑娘躺在同一张床上，但是两个人却背靠着背。

他觉得这三个梦很奇怪，互相之间有些关联，又好像蕴藏着一些比较深刻的含义，所以他急忙去找算命先生解梦。

这个算命先生听了他的叙述，看他是个穷酸秀才，一没钱二没势，参加考试也是白搭，就叹了一口气说："唉，我看你还是回家去吧，这次考试你肯定是名落孙山、榜上无名。你的梦里已经预示了，你在墙上种白菜，肯定没有收获啊，这不是白费力气吗？下雨时，你戴着斗笠又打着伞，这说明你来考试就是多此一举啊。另外，你跟喜欢的姑娘躺在同一张床上，却背靠着背，这不就是代表着你与功名有缘无份吗？"这个秀才听了之后，觉得算命先生说得很有道理，不由得万念俱灰，感慨自己的半生辛苦都白费了。

秀才浑浑噩噩地走回客栈，就要收拾东西回家，那个客栈的老板看到秀才魂不守舍，还没考完试就要回家，就主动上前询问缘由。听了秀才的解释之后，他笑了笑说："我也会解梦，而且我觉得你这次肯定会高中。我们来分析一下啊，你在墙上种菜，这不就是'高种（中）'的意思吗？然后，你下雨时戴着斗笠打着伞，这不是有备无患、加倍稳妥的意思吗？最后，你和自己喜欢的姑娘躺在一起，却背靠着背，这不就是你要翻身的意思吗？所以我说，这次你一定能高中，一定能光宗耀祖。"

这个秀才听了店主的话，自己思来想去，也觉得他说得才更有道理，比算命先生的分析要准确，于是就信心百倍地参加考试去了，最后真的中了一个探花。

如果秀才听了算命先生的话，那他就失去了翻身的机会。幸好店主及时提醒，让他走上了成功之路。其实生活也是一样，对于任何一件事情，悲观的人总是进行消极的解释，而乐观的人则总是看到它积极的一面，看到它的希望。任何事情都不是没有希望，关键是看你怎么去解释，怎么去面对。

乐观创造幸福人生

（1）乐观是身体健康的法宝

根据目前的研究结果表明，人类寿命的自然极限应为 130 岁到 170 岁之间，但绝大多数人至今都未活到这个年龄。长期以来，科学家进行了大量研究，开始逐渐认识到人的疾病与寿命除了"生物模式"之外，还存在着"心理和社会医学模式"。中东地区有一位 110 多岁的长寿老人，把自己长寿的秘诀概括为一句话：快乐地生活。

绝望导致寿命变短。研究者发现，在老年丧偶后的半年里，死亡率比同龄人高出六倍。悲观能够破坏免疫功能，情绪不仅是一种心理体验，也是一种物化过程。悲观不仅会造成代谢功能的失调，如心率、血压、消化功能紊乱，而且还会破坏内分泌平衡或降低人体免疫功能。

乐观的心态会使生病的人忘记痛苦，在同样患病的条件下，乐观、心胸开阔的人的寿命会更长一些。

（2）乐观营造良好的人际关系

乐观的人往往会给别人带来欢乐，自己也就能得到更多的欢乐。研究表明，乐观对于人际交往有正面的影响。美国心理学家马丁·塞利格曼曾做过六种不同的试验，从二百多名大学生中挑选出最快乐的 10% 做研究对象，发现他们都有利他行为和丰富充实的社交生活。乐观的人有更多的朋友和较好的人脉关系，因为人与人相聚时，快乐的心情、微笑的表情、诙谐的语言会像春风一样温暖别人的心，引发大家的笑声，驱除心中的烦恼。人们总是对和乐观的人打交道充满期待，因为当我们从乐观的人那里得到积极、快乐和充满力量的心灵享受之后，对乐观的人会产生一种感激之情，会觉得乐观的人有一种"精神引力"，并愿意与之交往。这样，乐观的人会积累越来越多的期待和赞赏，最终形成良好的人脉关系，给自己的发展带来更多的资源。

（3）乐观激发战斗力，提升行动力

乐观的心态有助于保持幸福的心情、充沛的活力和昂扬的斗志。研究表明，乐观的人处理事情更有信心和把握，不易出现焦虑情绪。如果人们对未来有所期待，就会更有干劲和动力，更有热情，也会拥有良好的自我感觉，相信自己能够掌控未来，实现自己的人生目标。

乐观的人对自身前途有积极乐观的期望，这会增加其行为的动力和努力程度，而悲观的人对自身前途的消极悲观则会降低其行动动力和努力程度。曾经有这样一个故事，在一家冻肉厂里有两个搬运工，有一天，有人不小心把他们两个关在 -18℃的仓库里。这个仓库是用来冻肉的，没有什么取暖设施。悲观的人想：完了，冷库的温度这么低，我会被冻死的。于是他双手抱紧双膝，身体蜷缩起来，可是越缩越冷，整个人蹲在那里一动不动。乐观的人想：这里的温度很低，我要多活动活动，身体就会发热，就不会被冻死了，等救援队一来我就有救了。于是，他开始绕着冷库四周跑了起来……第二天，人们打开冷库，发现有个人正在绕圈跑步，还有一个人蜷缩在墙角，脸色泛青，身体僵硬，似乎是被冻死了。可是后来检查发现那晚制冷电源没开，悲观的人真正死因是神经高度紧张造成心肌梗塞而死。因此，塞利格曼说："对命运的想法其实可以扩大或缩小我们对命运的控制力。"乐观的人常常把精力集中在处理对未来有潜在激励作用的事情上，而不会放在逃避目前不愉快的情境中。而悲观的人则在面对各种事件时充满灰心、失望，缺乏目标，消极应对。如果一个人对未来十分乐观，比如他相信可以实现自己的人生目标，那么他就会付诸行动，付出不懈的努力，遇到困难时也能迎头而上，不轻言放弃。

行动创造乐观

方法一：关注自身积极方面的行动

（1）写出最好的自己

密苏里大学哥伦比亚分校教授罗拉·金做了一个试验，她让部分参与试验的志愿者连续四天到她的实验室来，写一篇描述未来最好的自己的文章，每天的写作时间为 20 分钟。四天后，她发现想象未来的志愿者与完成其他写作话题的志愿者相比，表现出了更多的幸福情绪，而且这种幸福的心情一直持续到几周之后，甚至有的人在试验结束之后的几个月还表示他们身体不适的感觉减少了。

这是促使个人关注自己积极方面的方法，即"想象未来最好的自己"，具体做法如下：

· 找个安静的地方；

· 每次思考 20~30 分钟；

· 梳理自己的过去、现在和将来；

· 写下一年、五年、十年之后自己会是什么样子。

（2）记录每天发生的好事

· 回忆并记录当天发生的一件好事；

· 按照时间、地点、人物、事件的结构来记录；

· 事情可大可小，比如"工作中得到客户的表扬""很久联系不到的朋友打电话来问好"等；

· 持续一个月后再回顾阅读一次。

如此反复，能让人把关注消极事情的注意力转到积极的事情上来。你可以尝试去实践，如果能坚持一年，一定会发现生活充满了美好。

（3）不抱怨，只解决问题

乐观的人所列出的烦恼事项，远低于一般人，而他们花在抱怨上的时间，也远少于一般人。这给了我们什么样的启示呢？

乐观的人在面对挫折的时候，不会花时间去抱怨或埋怨，不会说都是别人的错，或者为什么我老是这么倒霉，他们共同的态度是"现在没时间怨天尤人，因为要忙着解决问题"。当我们少一分抱怨的时间，就多一分努力和进步的时间。

这也正说明了为何乐观的人比较容易成功，因为他们的时间及精力永远用来改善现状。要培养乐观一点也不难，就从现在开始，把注意力的焦点从"往后看怨天尤人"，改为"向前望解决问题"就行了。实际的做法则是避口不提"为什么总是我"，而用另一句话来代替——现在该怎么办才会更好？

在面对不如意时，只要改变这个重要的思考点，相信很快就会发觉自己的挫折忍受力将大为增强，也就更容易从逆境中走出来，回归幸福。

方法二：专注于做好眼前能产生自我积累的事

给大家分享两个故事。

有一位盲人，他整天为自己看不到光明而黯然神伤，他四处求医，想通过治疗重见光明，但是换了几家医院都说没有希望了。后来，他找到一位很有名的医生，医生让他学习弹琴，并说等弹断了1000根琴弦后，他的眼睛就能重见光明了。

他听了以后非常高兴，每天坚持学习弹琴，于是他不再唉声叹气，而是心态变得积极、充满活力，时光在悠扬的琴声中愉快地度过，生活也越来越充实。等他弹断了1000根琴弦以后，他的眼睛并没有复明，但他已不再烦恼，因为他用优美的琴声给自己和别人都带来了快乐。

从前，青蛙王国组织了一场攀爬比赛，目标是爬上一座很高很高的塔，难度非常大。比赛开始以后，一群青蛙从塔底出发了，它们各有绝招，都在使劲往上爬，但是塔身很陡很滑，不断有青蛙摔下来，退出了比赛。很多动物被邀请来观看比赛，它们站在塔底议论纷纷，大家都不相信青蛙能够爬到塔顶。

"哎呀，这太难了，青蛙肯定不能爬到塔顶。"

"对，它们根本不可能成功，今天的比赛不会有胜利者。"

那些身强力壮的青蛙，那些已经爬得挺高的青蛙，听到议论后，也都放弃了。几乎所有的参赛青蛙都放弃了，只有一只小青蛙，它在孤独地往上爬着，它的步子很小，但是一直没有停下来，最后它成为唯一一只到达塔顶的青蛙。

所有的动物都很好奇，觉得这只小青蛙一定有非凡的力量，他们跑过去围住那只小青蛙，想问问它是如何爬到塔顶的，如何成为冠军的。动物们七嘴八舌地问着，小青蛙却一言不发，原来它根本听不见声音！

专注于做好眼前能产生自我积累的事情，需要做到：

· 设定积极的目标（工作、家庭、财富、学习、身体健康等方面）；

· 围绕目标去做事情，专注且享受当前所从事的工作；

· 排除外界不利因素的干扰。

方法三：调整身心的行动

（1）抬头挺胸

如楚安尼所说，矫正头脑之前，请先矫正身体。为什么呢？其实生理和心理是互相影响的。相信你也有过这样的体验，当心情低落的时候，我们往往都是无精打采、垂头丧气；而心情高兴时，自然就会抬头挺胸、昂首阔步，所以身体姿势的确与心理状态密不可分。

再从另一角度来看，当一个人抬头挺胸的时候，呼吸会比较顺畅，而深呼吸则是缓解压力的妙方。当抬头挺胸时，我们会觉得自己能够应付压力，当然也就容易产生"这没什么大不了"的乐观态度。另外，与肌肉状态有关的信息也会借着神经系统传回大脑，当我们抬头挺胸的时候，大脑会收到这样的信息：四肢自在，呼吸顺畅，看来是处于很轻松的状态，心情应该是不错的。

在大脑做出心情愉悦的判断后，自己的心情也就更轻松了，因此，身体的姿势的确会影响心情状态。要是垂头，就容易感到丧气；而如果挺胸，则容易觉得有底气。这个简单得令人难以置信的方法，请千万别小看它，下次头脑中悲观的念头再冒出的时候，赶快调整一下姿势，抬头挺胸地带出乐观心境吧！

现代生理心理学研究发现，抬头挺胸、昂首阔步之所以能带来乐观情绪，其生理机制与迷走神经有关。抬头时迷走神经是张开的，带来痛快、宽敞、乐观，而低头时迷走神经是收缩的，带来悲观、苦闷和悲伤等。

（2）使用愉快的声调说话

谈到人际沟通，有个道理极为重要：重点不在于我们说了什么，而在于我们怎么说。"怎么说"的部分，包括了语调、脸部表情和肢体动作等，而常被人忽略的是，我们的声音其实是有表情的。同样一句话，用不同的语调来说，传达的意义可能完全不同。如果不信的话，请你来试试下面的练习。

A.很生气地说："你真讨人厌！"（最好用你最穷凶极恶的表情及声调

吼出来）

　　B. 撒娇地说："你真讨人厌！"（这次请使用你最惹人怜爱的语调，拉长尾音说出来）

　　这两种声调的感觉完全不同吧。然而，许多人却往往不知道自己说话的声音，很容易在不经意间泄露心情。例如有人总是在接电话时，习惯性地大吼一声"喂"，这样等于发挥了一字神功，让电话另一端的人还没开口，就已感觉到莫名其妙的火气。而更离谱的是，如果一听是上司打来的，马上语调变软，开始点头哈腰起来："唉呀，老板，有什么吩咐吗？"

　　知道了语调的神奇功能之后，我需要提醒你，如果想变得幸福开心一点，请先认为自己就是个幸福的人，用很愉快的声音说话。

　　（3）使用正面积极的字眼，取代消极负面的说法

　　我们所说的话，其实对自己的态度及情绪影响很大，不知道你是否注意过？一般而言，在日常生活中所使用的字眼可以分成三类：正面的、负面的以及中性的字眼。

　　先来聊聊负面的字眼，例如"问题""失败""困难""麻烦""紧张"等。如果你常常使用这些负面字眼，恐慌及无助的感觉就会随之而起（既然有"麻烦"了，那除了自叹倒霉，还能怎么办呢）。我们发现，乐观的人很少用这些负面的字眼，他们会用正面的字眼来代替。例如，他们不说"有困难"，而说"有挑战"；不说"我担心"，而说"我在乎"；不说"有问题"，而说"有机会"。

　　感觉是否完全不同了呢？一旦开始使用正面的字眼，心中的感觉就变得积极起来，更有动力去面对生活，不是吗？除此之外，乐观的人还会把一些中性的字眼，变得更加正面。例如"改变"就是个中性词，因为改变有可能是好的，也有可能越变越糟。试试看，如果把"我需要改变"，换成

"我需要进步"，这就暗示了自己是会越变越好，自然就会乐观起来。

因此，说话其实需要字字琢磨，只要改变你的负面口头禅，换成正面积极的字眼，你就会立刻感到乐观和幸福。

（4）坚持体育运动

体育运动能让人变得乐观起来，通过健身运动可以让人们提升自我效能和自信心。有实验结论表明，进行身体活动的人会比较乐观，其原因在于经常进行体育锻炼的人，因规律性运动而减少了特质性焦虑，提高了身体自我效能，并能体验到很多坚持运动所带来的积极体验，比如熟练感和成就感，这些都让人更快乐。

PART 3

情绪管理

● 什么是情绪？

在职场中，你是否一遇到不高兴的事情就垂头丧气？你是否一有压力就烦躁不已？你是否一看到下属工作出现错误就大发雷霆？这都是情绪在作怪！情绪是很复杂的东西，好情绪可以推动我们事业的发展，也能成就我们的人生，而坏情绪则可能让我们失去人脉，令事业遭受失败。

什么是情绪？情绪是以个体的愿望和需要为中介的一种心理活动。当客观事物或情境符合主体的需求和愿望时，就能引起积极、肯定的情绪，如工作中遇到赏识自己的上级会感到信心十足，问题解决非常顺利会觉得有成就感。当客观事物和情境不符合主观愿望的时候，就会产生消极、否定的情绪，比如努力做出的工作成果并没有得到上级的肯定，反而被批评等。

情绪是一个人不同感受的表现，所以它往往与相应的表情模式紧密相连。在公司获得奖励并心情愉快时，必然伴随着高兴的面容或手舞足蹈的外在行为；而项目失败、被客户投诉导致伤心和痛苦时，往往会面带愁容，甚至大哭一场。而且一系列的情绪变化还会引发一些生理反应，比如，愉快时心跳节奏正常；恐惧时心跳加速、血压升高、呼吸频率增加，甚至会出现停顿。

情绪包含快乐、愤怒、悲哀和恐惧四种基本的状态。

快乐情绪包含欣喜、自豪、幸福、喜悦、欢乐、轻松和欢天喜地、心满意足、怡然自得，但快乐的极端就变成了狂躁。

愤怒情绪包含愤慨、激怒、苦恼、烦恼、烦躁、怨恨、敌视、狂怒等，极端情况是痛恨。

悲哀情绪包含忧郁、寂寞、沮丧、悲伤、难过、阴郁、绝望等，极端情况是抑郁。

恐惧情绪包含紧张、顾虑、急躁、警觉、焦虑、畏惧等，极端状况是恐惧症。

● 情绪的影响因素

情绪是一种反应，它有很多种表现形式，比如高兴、伤心、兴奋、惊讶、愤怒、沮丧等。情绪的产生有不同的原因，只有了解原因，才有办法去管理情绪。情绪一共包含了四个方面的反应，分别是主观感觉、生理变化、表情动作与行为冲动。

主观感觉对情绪的影响

一个人看到一朵花会很高兴，另一个人看到这朵花则会不高兴；一个人看到烧饼很想吃，另一个人也许就不想吃。对于不同的人来说，对同一事物所产生的反应，大部分是不一样的，所以我们说不能用自己的标准去衡量所有人。比如一个人很喜欢喝咖啡，他认为别人也一定喜欢咖啡，所以就请别人一起喝，结果晚上他睡着了，别人还在床上瞪着眼睛不能睡觉。人与人对同一事物的反应是不一样的，这是我们需要牢记的。

主观感觉是很明显的，一个人生气或者喜悦都是个人的事情，与别人没有什么关系。

有一个企业家赚了钱，请父母去吃饭，但是父母坐在那里面无表情，一句话都不说。别人就问他父亲："你儿子对你这么孝顺，赚了钱请你吃饭，你怎么还不高兴？"他父亲说："没有这回事，他是在炫耀给别人看——我能赚钱，我有本事请父母吃好的。他根本不是孝顺我，而是把我当成炫耀的工具。"别人问他为什么这样讲，他父亲说："我儿子一进来就跟我讲，这里的菜很好吃，他经常来，结果到今天才请我！那不是没把我放在心上吗？怎么是孝顺我呢？"

儿女请父母去吃饭，一定要和父母说这家餐厅自己也是第一次来，因为听别人说这里的菜做得很好，所以带二老来尝尝。这时父母一定会说好，每一道菜都会说好吃。

另外，大家最好不要告诉别人哪部电影很好，让别人赶快去看。凡是有人告诉你哪一个电影好，你去看了以后多半是失望的——因为期望值太高。有些人就不会这样做，如果有人问他某部电影好不好看，他会让对方自己去看，而不是剥夺别人评估的权利。如果别人问他是否值得看，他会告诉别人还可以，可以去看看，或者说除非现在没事做，否则不必看。他不讲电影的好与坏，因为那是每个人的主观感受。

即使面对相同的情况，每个人的反应也是不一样的。千万不要想当然，认为自己这样想，别人一定也这样想。"将心比心"的意思是：你要把心放在别人身上，站在别人的立场去想，去看别人的状况，而不是"我这样想，别人肯定也这样想"，因为每个人都有不同的反应，大家要彼此尊重。

生理变化对情绪的影响

有的人体质比较虚弱，有的人体质很健康；有的人下午喝咖啡晚上就睡不着，有的人晚上喝咖啡照样睡得很香。体质不同，相应的生理反应也就不一样。

人为什么会有不同的情绪反应？这主要是因为每个人身体的内分泌状况不一样，神经系统的反应不一样。人类身体出现疾病的主要原因就是紧张，可是在日常生活中，大家偏偏放松不了。人体有自律神经，自律神经自己会动，而不是人可以完全控制的。这个神经有两大部分，就好像阴阳一样，一个叫作交感神经，一个叫作副交感神经。当一个人很兴奋的时候，自律神经会让他稍微冷静下来；当一个人很激动的时候，自律神经又会让他缓和下来，它自己会做出调整。因此，人所能做的就是让自己的调整合理化，而不是说完全没有负面反应。

一个人要做到完全不发脾气，是不太可能的，也没有必要。人不能压抑，压抑不能解决问题，压抑会使后一次的爆发更严重。比如地震，地震就是地球在发泄能量，如果这些能量被一直压抑着，就可能会山崩地裂。人身体里面也是一样的，如果一个人经常处于"一想发火就忍住"的状态，迟早有一天，他的内心会"爆炸"的，到时候什么办法都不能解决问题。生气时，人的血压会增高，心跳会加快，呼吸会急促，瞳孔会放大，这些都属于内分泌与自律神经的自动反应。有时候人全身都会起鸡皮疙瘩，有时候会感觉某个地方老是有个阴影，这些反应都是神经的自我控制，与消化不良是一样的状况，没有什么神秘的。生理变化是很自然的，人饿了就有饿的感觉，饱了自然有饱的感觉。

表情动作对情绪的影响

现在有的人表情越来越夸张，这对他们是不利的。人的表情动作会给别人不同的观感，引起大家不同的情绪变化。

对于表情动作，大家比较容易看得出来，因为某些表面的状态是所有人都一样的。比如认为对的时候大家一般都会点头，不对的时候会摇头；饿的时候脸色会发白，手脚会发抖……可是有些行为受到后天教育和文化的影响，全世界基本都不一样。

比如你送美国人红包或礼物，他会当面打开，并且会表现出自己的喜悦。中国人不会这样做，中国人收到红包，一定会放进包里，回家偷偷地看，绝不会公开看，这就是后天的文化影响造成的。

后天影响所表现出来的方法也不一样。比如西方人容易把喜怒哀乐都表现在脸上，中国人就不喜欢这样，反而倡导喜怒不形于色。一般职位越高的人脸上越没有表情——职位越高越希望自己内心的活动不要让别人看清楚，要保持一种神秘感。一个人内心有什么想法，马上表现出来，其实对自己是相当不利的。比如一个大学生刚毕业走上工作岗位，他很可能会直言自己所看到的现象，他会说这个同事今天穿的衣服很没有品位，或者说领导的决策是错误的，或者认为老员工的工作方法过时了……有的人会认为他很天真，但是有的人就会认为他这样做没有修养，不愿意去培养他，如此一来，这个大学生的进步就会很慢。

很多情绪反应是教育造成的，但是全世界的教育是不一样的。比如美国人认为一个人有话就说是有能力的表现，中国人很多时候则会认为这个人是爱"出风头"。

中国人认为有才能不要随便表现，有话不能随便讲出来，其实是思想文化造成的。一个人既不能不表现，也不能乱表现，因为你的表现决定着别人对你的看法和情绪，只有适当地表现才是比较合理的。

行为冲动对情绪的影响

人一旦有冲动的行为，结果就是两个字：后悔。比如一个人骂完人以后，就开始后悔：万一他打我怎么办？我出去后他揍我怎么办？万一他找人来报复怎么办？冲动之后受到威胁最大的就是自己。一些好的行为对人的情绪会有正面的影响，比如有的老师通过研究总结发现，教师的赏识和夸赞可以很好地缓解学生的焦虑情绪，所以他们就通过赞赏来激励学生，让学生的情绪稳定，从而不再害怕考试。

因此，一个人要取得成功最要紧的就是管理好情绪，在一切自我管理中，情绪管理是第一位的。

● 要改变世界，先改变情绪

几年前，美国密歇根大学心理学家南迪·内森的一项研究发现，人一生中平均有十分之三的时间处于情绪不佳的状态，所以人们常常需要与那些消极的情绪做斗争。

情绪变化往往会在我们的一些神经和生理活动中表现出来，比如当你听到自己失去了一次晋升机会时，你的大脑神经就会立刻刺激身体产生大量起兴奋作用的"正肾上腺素"，其结果就是使你怒气冲冲、坐卧不安，随时准备找人评评理，或者讨个说法。

　　当然，这并不意味着你应该压抑所有的情绪反应。事实上，情绪分为两种：消极的和积极的。我们的生活离不开情绪，它是我们对外面世界正常的心理反应，我们需要做的就是不能让自己成为情绪的奴隶，特别是不能让那些消极的心境左右我们的生活，因为消极的情绪常常会折磨我们的心灵，让我们迷失判断标准，总是犯错误。那些能取得成就的人往往是驾驭情绪的高手，而失败得一塌糊涂的人，通常是那些被情绪控制的人。

　　美国前总统约翰·肯尼迪说过："一个连自己都控制不了的人，我们的民众会放心把国家交给他吗？"

　　约翰尼·卡特梦想成为一名歌手，他非常刻苦地学习音乐，但是他的家庭条件不好，不能支持他继续深造下去。无奈之下，约翰尼带着自己的梦想参军了，进入军营后，他买到了人生中第一把吉他。他每天利用短暂的休息时间自学弹吉他，并自己创作了一些歌曲，一有机会就唱给战友们听。服役期满后，他去面试了几家唱片公司，但由于他没有专业院校的学习经历，作品也不够好，更没有名人推荐，所以没有一家公司愿意和他签约，甚至连一些音乐节目广播员的职位也没找到。为了维持生计，他只能靠挨家挨户推销各种生活用品，赚取低廉的佣金，但是他仍然坚持练习唱歌。他组织了一个小乐队，在各个教堂、小镇上巡回演出，积累自己的演唱经验，也有机会吸引更多的歌迷。几年后，他攒了一些钱，自费录制了一张唱片，并委托唱片公司发行，没想到唱片很受欢迎，这进一步奠定了他的成功基础。唱片公司开始包装他、宣传他，又迅速推出了几张新唱片，他拥有了数百万歌迷，金钱、荣誉也随之而来。经过几年的巡回演出，他被创作压力和狂热的歌迷拖垮了，晚上必须服安眠药才能入睡，白天却始终萎靡不振，不得不靠"兴奋剂"来支撑工作。他又一次面临着更大的考验，因为他开始沾染上一些恶习——酗酒、服用镇静药物和刺激性药物，他的恶习日渐严重，以致深陷其中，不能自拔，甚至对自己失去了控制能力。身体和精神上的双重压力，让他的创作灵感渐渐枯竭，他很少出现在舞台上，而是更多出现在拘留所里。一天早晨，当他从佐治亚州的一个拘留所被保释时，一位警察对他说："约翰尼·卡特，我是你的歌迷，我有很多朋友也是你的歌迷，但是我们对现在的你感到失望，我们希望看到那个充满热情和力量的约翰尼，那个在舞台上、在生活中都乐观向上的约翰尼。看，这是你的钱包和药片，现在你自己选择吧，是继续与药片为伴，继续麻醉自己，还是把这些药片扔掉，重新占领舞台，回到我们歌迷心中。你选择吧！"

这位警官的话好像晴天霹雳，叫醒了每天浑浑噩噩的约翰尼，他意识到自己正站在危险的边缘，如果不及时停下来，就会身败名裂、一无所有。好在一切都为时不晚，歌迷都在热切期盼他的回归，他又踏上了更加艰苦的奋斗之路，并深信自己能再次成功。他回到纳什维利，找到他的私人医生。医生对他没有很大信心，认为他很难改掉那些坏毛病，医生告诉他："戒掉毒瘾比找到上帝还难。"约翰尼并没有被困难吓倒，他知道只要自己决心去做，"上帝"就在他心中，他决心克服那些难以想象的困难，找到自己的"上帝"。

医生给他制订了科学的戒毒计划，但是考验才刚刚开始，他把自己锁在家里闭门不出，也不允许任何人去看望他。毒瘾发作的时候非常难受，他觉得有数以万计的蚂蚁在叮咬他的五脏六腑，痛苦的感觉沿着神经猛烈冲击大脑，一次比一次强烈。后来，在回忆这段往事时，他说自己总是昏昏沉沉的，身体好像随时都会爆炸，汗水和泪水让他总是浑身湿漉漉的。当时摆在他面前的，一边是麻醉药的引诱，另一边是重返舞台的召唤，结果他的信念打败了毒瘾。几个月以后，他彻底戒掉了毒瘾，又恢复到原来健康的样子了，睡眠也不再依赖镇静类药物。当他再次站到舞台上，他的光芒吸引了更多的歌迷，他戒掉毒瘾的坚强意志让更多人崇拜他。从此以后，他坚持不懈地努力，创作了很多大家喜欢的歌曲，最终成为一名超级歌星。

一个人要征服世界，首先要战胜自己。天底下最难的事莫过于驾驭自己，正如一位作家所说："自己把自己说服了，是一种理智的胜利；自己把自己感动了，是一种心灵的升华；自己把自己征服了，是一种人生的成熟。大凡说服了、感动了、征服了自己的人，就有力量征服一切挫折、痛苦和不幸。"控制自己不是一件非常容易的事情，因为我们每个人心中永远存在着理智与感情的斗争。要想获得人生的成功，你就应该有战胜自己的情绪、掌控自己命运的能力。

● 被情绪控制的表现

消极情绪对我们的健康十分有害，科学家们已经发现，经常发怒和充满敌意的人很可能患上心脏病，哈佛大学曾调查了 1600 名心脏病患者，发现他们中经常焦虑、抑郁和脾气暴躁的比例比普通人高三倍。

因此，如今越来越多的人意识到自我情绪管理的重要性，都知道管理好情绪能让自己获得成功，可遗憾的是并不是每个人都会管理自己的情绪，在我们的生活和工作中，相信下面的场景并不少见。

喜怒无常

（1）喜怒无常导致丧失领导力

赵磊是一家公司设计部的经理，他专业知识丰富，设计水准高，又熟悉市场，策划方案深受客户好评，因此领导很看重他，把设计部交给他掌管，赵磊也很希望自己能不负重托，做出好的成绩。

但是有一件事让赵磊觉得很苦恼，不知道问题出在哪里。那就是没人愿意做他的助理，自他上任以来，助理换了三四个，没有人能干够半年，要么转岗，要么辞职。

其实，问题就出在赵磊喜怒无常的脾气上。当他心情好时，什么都好说，如果哪天心情不好，助理的一个小错都能让他大发雷霆。昨天还夸奖助理工作做得好，今天又会把他批得一无是处。

给赵磊当过助理的人，都觉得这个上司太难伺候，不知道该怎么做才能让他满意，整天提心吊胆，最后忍受不住，只有辞职或申请调离。

频繁地更换助理，给赵磊的工作带来了很大的影响，许多工作不能够按时完成。部门内部人心涣散，觉得跟着赵磊没前途，领导也开始质疑他的能力，正在考虑要不要换人。

（2）喜怒无常导致人际关系恶化

王明以优异的成绩从名牌大学毕业，进入了一个很多人梦寐以求的大公司工作。他工作上很努力，看起来前途一片光明。

但王明后来的发展并不顺利，因为他是一个喜怒无常的人。心情好的时候，很好相处；但心情不好时，就会像变了一个人，别人一句无心的话就能让他瞬间爆发。有一次，他和某位同事一言不合，竟然拿起订书机就扔了过去，当场砸中那位同事的脸。两人立刻打作一团，闹得全公司鸡飞狗跳，直到他的上司出来制止，争端才得以平息。

这件事以后，同事们都躲着王明，生怕惹祸上身，没人与他做朋友。

虽然王明独立做事的能力极强，但是没有上司敢让他当主管，升迁的机会都是别人的。

王明觉得同事们都在孤立他，领导也不赏识他，真是怀才不遇，越来越郁闷。

过度压抑

（1）过度压抑导致生活品质降低

最近欢子感觉自己的生活就要崩溃了。

与她相恋多年的男友，前段时间跟她提出了分手，这让欢子难以接受，情绪很低落。

欢子是很要强的人，以前她和男友是众人羡慕的模范情侣，现在突然分手，欢子觉得特别没面子，怕别人议论，更怕家里人担心，所以这件事她谁都没告诉，把所有的痛苦都埋在心底，自己默默承受。

现在欢子每天都睡不好觉，第二天上班也没精神，身体状况百出，生活没有乐趣，整个世界一片灰暗。

（2）过度压抑导致他人误解

有好事发生的时候，有的人心里很高兴，可是因为怕被人说"得意忘形"或招人嫉妒，所以也不敢表露情绪。比如上司给升职加薪，他心里很高兴，可表现得还是一脸平静，最多面无表情地说声"谢谢"。这时领导就会想，他为什么没有一点高兴的表现呢？是嫌涨得少，还是对升职不满？我做的这个决定是不是错了？久而久之，升职加薪的好事也就与他无缘了。

（3）过度压抑导致工作效率低下

美国公布的一份政府调查报告显示，美国国内企业的员工一年中有7%

的时间处于情绪压抑之中，因员工情绪压抑对企业界造成的产能损失总额，每年达到 300 亿美元至 440 亿美元。

情绪是一股强大的能量，强制压抑情绪需要消耗巨大的精力。小李一直对自己的待遇不满，心里很生气，但是他又不好意思找领导反映，怕被认为太看重利益，于是就把不满压在心底。可是工作时，小李的不满情绪会时不时地跑出来，让他感到很难受，小李不得不花大量的时间，把不满给压下去。这些占用了大量的工作精力，小李的工作效率自然不会高。

另外，人的心理承受力也有一定的限度，当压抑不住的时候必定会爆发，与同事、客户发生冲突就在所难免。老张这几天跟老婆闹别扭，心里一直不痛快，但还必须得上班，于是就强忍怒火来到公司。可屋漏偏逢连夜雨，这天跟客户的沟通不顺畅，老张觉得客户是故意刁难自己，结果跟客户吵了起来，最后客户拂袖而去，公司失去了与之合作的机会。

不管是喜怒无常还是过度压抑，都是情绪化的表现。情绪化是指一个人的心理状态容易因为一些或大或小的因素发生情绪波动，喜怒哀乐经常会不经意间转换，前一秒可能还是高兴的，后一秒就可能闷闷不乐、焦躁不安。情绪化也可以理解为人在不理性的情感下所产生的行为状态，简单来说就是喜怒无常。

情绪化不仅对人造成心理上的创伤，还会影响工作和人际关系。感情用事就是在感情强烈冲动的情况下，做出的缺乏理智的行动。有些感情用事虽然没有引起明显的恶果，但可能挫伤别人的情感，为以后的问题埋下隐患。感情用事的人往往为人处事情绪化，言行都笼罩上强烈的感情色彩，容易一厢情愿而铸成大错。感情用事的人，在性格上往往偏于情绪型，情绪型的人举止受情绪左右，非常容易冲动，而事后冷静下来以后也感到不值得、不应该，使自己经常处于内心矛盾冲突的痛苦之中。

● 阻碍情绪管理能力提升的问题

1. 认识存在误区——认为情绪不可控制，甘当情绪的奴隶

很多人认为是外面的人和事引发我们的情绪，即情绪是人遇到外界刺激的自然反应，遇到好事时自然心情就好，遇见不好的事情时，自然心情就会变差。如果我们一直这么认为，那么毫无疑问，我们无法改变对情绪的认识。我们一直在令人惊讶地使用很多不科学的逻辑，我们通常认为别人应该对我们的状态负责，比如我们迟到了，受到批评和处罚，会觉得受伤了、受委屈了，因为我们觉得这不是自己的错，是车晚点了，是堵车了，是因为昨晚睡眠不足造成的。还有人觉得情绪就是自己的个性，没办法改变，所以当我们劝某些人不要生气、不要发火时，得到的回答却是："没办法呀，我就是这么个脾气。"

情绪真的不能管理、无法改变吗？我们来看一个例子。

同样是考试不及格，一个人觉得很丢脸，他就会有伤心失望的情绪。而另一个人觉得一次失败不代表什么，下次再努力就行了，他就会因此而产生奋发图强的积极情绪。面对同样的事情，就是因为看法不同，所产生的情绪却有很大不同。

请大家想一想，在我们身边，不同的人遇到一件同样的事，情绪反应是一样的吗？肯定是不一样的。不是事件变了，而是看法变了，看法决定了情绪。情绪不是由诱发性的事件决定的，而是由我们对这件事的看法决定的。

我们的看法是可以由自己控制的，因此情绪也可以由自己控制。情绪来自我们的内部，而外在世界其实只是我们内部想法的投射——这是个不好的消息，那么好消息就是我们可以转化它，这是我们可以自己做主、自己选择的，我们可以负责地去感受它、拥抱它，只有这样我们才能真正管理我们的情绪。我们要转化这些情绪，最有效的方式就是从我们的内部着手，就好像在电影院，我们要想改变放映的影片，有效的方式是走进不同的放映室。

2. 缺少有效方法——不懂纾解与运用情绪

为什么你面对升职加薪的表现会让上司产生误解？为什么有时我们会感到被困在负面情绪中，怎么都走不出来？就像案例中的欢子，脑子里都是消极的想法，心里非常痛苦，却找不到出路。都是因为没有掌握适合自己的有效纾解与运用情绪的方法，造成了不能及时有效地管理情绪，只能眼睁睁看着负面情绪摧毁自己的生活，却无能为力。

● 管理好情绪的三大好处

1. 获得身心平衡——圆融健康人生

郭先生在外人的眼中是一个很成功的人，有自己的公司，有美满的家庭，是众人羡慕的对象。但事业上的压力常常让他感到焦虑，晚上总是睡不着觉，也找不到什么好的排解方法，结果情绪变得很不稳定。在公司对同事很没耐心，回到家对妻子动不动就乱发脾气，与同事和家人的关系搞得很僵。最近一次体检的结果，更让郭先生感到绝望，他被诊断出了严重的心脏病。

在沉重的打击下，郭先生反思了自己的生活方式，并咨询了医生，得知焦虑是威胁其健康的主要原因。于是郭先生一边积极配合医生治疗，一边自我调整，从繁忙的工作中抽出时间去旅行，多花时间与家人相处，培养业余爱好。一年后，郭先生的心脏病明显好转，医生说这很大程度上得益于他对情绪的调整，而且郭先生的事业也因为情绪转变得更加积极而蒸蒸日上。

学会调解焦虑的情绪，让郭先生找回了健康、自信和成功。

2. 提升职场魅力——赢得和谐人际关系

梅丽是某公司的一名主管，个性非常独立、好胜、有主见，但经常管不住自己的情绪，会因为一点点小事而大发雷霆。在下属的眼中，梅丽就像一串随时可以爆炸的鞭炮，因此对她敬而远之。梅丽也感觉到下属表面上毕恭毕敬，但并不是很配合自己的工作，得不到他们的支持。

梅丽决心改变这种局面，当她再想发火时，就在心里默念："发火不能解决问题！冷静！冷静！冷静！"

先让自己的情绪平静下来，接着用正常的语气向下属指出问题，并与之讨论解决问题的方法。

在一次部门组织活动时，梅丽还主动提出要大家帮助她、监督她，如果再出现在公众场合发脾气的情况，不论什么原因，她都会向被训斥的人支付 200 元的"精神补偿费"。从此，即使再碰到让她很生气的事情，梅丽也会先忍下来，回去之后向好朋友倾诉，或者通过运动健身的方式发泄出来，并理智思考出解决的办法。

一段时间以后，下属感觉到了梅丽的变化，觉得她比以前亲切多了，不用再提心吊胆地过日子，而梅丽也感觉自己与下属的距离拉近了，工作开展比以前顺畅了。

学会管住自己的"脾气"，让梅丽找回了下属的支持，成为一名受欢迎的领导。

若想广结善缘，首先就要学会管理和控制自己的情绪。心理学研究表明，在第一印象形成的过程中，主体的情绪状态具有十分重要的作用，这是处理人际关系的前提。因为消极的情绪会使得对方感到不安和紧张，从而使他讨厌你，而良好的情绪也能感染对方，让他愉快地接受你。因此，处理人际关系要先学会调节自己的情绪。

3. 工作事半功倍——又快乐又赚钱

《情商》一书的作者丹尼尔在引言中写到：他在一次同学聚会中发现，班上同学中事业发展得最好的，并非以前学习成绩最好的，而是他的一个成绩平平的朋友。这个朋友原来上学时就是班上最受欢迎的同学之一，因为他很懂得管理自己的情绪，也善于察觉他人的情绪，经常能恰到好处地化解一些矛盾冲突，在人群中创造一种积极、愉快的气氛，从而赢得别人的好感和信任。因此，他刚刚三十岁出头，就当上了美国一家大型电缆公司的副总裁。

无独有偶，一家专门从事管理咨询的企业做了一项研究，他们调查了188家公司，测试了每个公司的主管。调查发现，这些主管的智商跟普通人没太大差别，但是他们都拥有更高的情商指数，他们善于用积极的情绪去感染别人，从而获得别人的信任与帮助。

管理好自己的情绪，不仅可以带来事业上的成功，拥有更多的收入，还可以带给别人快乐，与别人建立良好的关系，真是又快乐又赚钱。

以上这些例子告诉我们，管理好情绪、提高情商对个人的生活和事业是多么地重要，能够管理好自己情绪的人更容易取得成功，更能主宰自己的人生。

● 做自己的情绪调节师

想要做情绪的主人，快速提升情绪管理能力，这里分享给大家情绪管理三部曲：第一步，正确认识情绪；第二步，适度调整情绪；第三步，有效运用情绪。

第一步，正确认识情绪

一切行为上的转变都是从认识上的转变开始的，要想管理情绪，我们首先必须正确地认识情绪。这需要怎么做呢？

（1）认识情绪的来源——自身的知识、经验和别人的观点

在前面我们已经分享过，情绪总是来自"我"是对的，其他是错的，其他包括外部的人、事、物等，也就是说当客观的事物或情境是否符合"我"的需求和愿望时，"我"就会产生情绪。情绪的产生受制于我们自身的知识和经验，因为我们知识和经验的积累决定了我们认知的角度、高度、深度和广度，当我们认为某些客观事物和情境或者别人的某些观点与我们认知的不一致的时候，不妨与对方换位思考，不妨锁定共同的目标去思考，从而不断提升我们的知识水平，积累我们的阅历经验。

（2）从三个方面进行自我察觉——内心感受、生理反应、外在表现

就像上山打老虎，必须先知道老虎长什么样。管理情绪，首先就要察觉什么表现是情绪来了。

当情绪产生时，我们的内心会有所感受，如喜怒哀乐；生理上会有所反应，如手心冒汗、心跳加快；外在言行也会有所表现，如声音变大、跟人吵架、放声大哭等。因此，察觉情绪可以从内心感受、生理反应、外在表现这三个方面来进行。

（3）关注两个重点，寻求他人的帮助——你的表现、他人的感受

俗话说"当局者迷，旁观者清"，有时我们并不能很好地察觉自己的情绪，这时就需要他人的帮助。

向他人寻求帮助时，可以把重点放在两个问题上，一是你的表现，主动向熟悉你的朋友咨询一下，看看自己被情绪困住时，会有哪些表现；二是他人的感受，当我们自以为得体的时候，在别人的眼中却未必如此，这就需要与他人核对，来纠正自己的感觉。

请他人帮忙时，一定要找对人，要请对你熟悉且怀有善意的人来帮你改正。另外，每个人的看法都难免会加入自己的主观因素，所以对别人的意见一定要学会取舍。

通过向他人核实你的表现和他人的感受，确定产生情绪时的具体表现，下一步就需要找到情绪产生的原因。

（4）回答两个问题，了解产生情绪的原因

了解原因指的就是要挖掘情绪背后的原因，只有找到原因，我们才能去解决问题，从根本上平复情绪。

当你闷闷不乐或者忧心忡忡时，你所要做的第一步是找出原因。29岁的弗兰西丝是一名广告公司职员，她一向心平气和，可有一阵子却像换了一个人似的，对同事和丈夫都没好脸色，后来她发现扰乱心境的根源是担心自己会在一次重要的公司人事安排中失去职位。她说："尽管我已被告知不会受到影响，但我心里仍对此隐隐不安。"一旦弗兰西丝了解到自己真正害怕的是什么，她似乎就觉得轻松了许多。她说："我将这些内心的焦虑用语言明确表达出来，便发现事情并没有那么糟糕。"

找出问题症结后，弗兰西丝便集中精力对付它，她开始充实自己，工作上也更加卖力。结果，弗兰西丝不仅消除了内心的焦虑，还由于工作出

色而被委以更重要的职务。

所以，我们也可以问自己两个问题。

·我的情绪是这件事带给我的，还是这件事产生的后果带给我的？

给大家分享一个案例。

小张很害怕领导找他谈话，一谈话他就会紧张地要命。他问自己，我是怕领导吗？还是怕与人交流呢？好像都不是，那领导找我谈话会有什么后果呢？领导谈话一般就是了解我的工作，但如果我回答得不好，那就可能会破坏我在领导心中的形象，阻碍我的事业发展。真正的问题被找到了，小张并不是害怕领导找他谈话，而是害怕说错话所带来的不良后果。

·遇到类似的事件，我都会有相似的情绪反应吗？是从什么时候开始的？这个问题是帮助你找到情绪产生的根源，从根本上找到原因。

再讲一个案例。

李女士是某单位的中层领导，为人很严肃，同事们都觉得她冷冰冰的，没有人情味。她自己也很苦恼，但却找不到原因。

一次培训课上，她在老师的启发下，回忆起来一件事，小时候她学会了一首歌，很得意地跑去给妈妈唱，可是当时妈妈心情不好，不但没有表扬她，反而训斥了她。从此以后，她再也不敢随意表现自己，原来她的严肃源于小时候的伤痛。

于是，她回到家，在妈妈面前又把那首歌唱了一遍，唱完之后她放声大哭，感觉自己被压抑多年的情感得到了释放。

总之，我们可以通过自我察觉、他人辅助、了解原因这三个方面来对自己的情绪做一个全面地检视，以达到正确认识情绪的目的。

第二步，适度调整情绪

当我们出现消极情绪时，如果听之任之，就可能对他人和自己带来伤害，如果一味地压制，事情只会越来越糟。只有对其进行疏导和管理，将其调节到一种平衡的状态，才是最有效的办法。怎么才能有效调节情绪？这里给大家提供四种可靠的办法。

（1）积极的心理暗示

前面我们已经讲过，情绪不是事件本身引起的，而是由我们对应的想法引起的。我们之所以会产生负面的情绪，是因为对遇见的事情有诸多不满。其实我们可以反过来想，把不如意的事当成对自己的考验和挑战，将其视为自己获得成长的机会，化情绪为力量。当不好的事情发生时，大声地对自己说："太好了，我又获得了一次成长的机会，真幸运！"然后积极地面对问题。

"一些人往往将自己的消极情绪和思想等同于现实本身。"心理学家米切尔·霍德斯说，"其实，我们周围的环境从本质上说是中性的，是我们给它们加上了或积极或消极的价值，问题的关键是你倾向选择哪一种？"

霍德斯做了一个极为有趣的试验，他将同一张卡通漫画显示给两组被测试者看，其中一组人员被要求用牙齿咬着一支钢笔，这个姿势就仿佛在微笑一样；另一组人员则必须将笔用嘴唇衔着，这种姿势使他们难以露出笑容。结果，霍德斯教授发现前一组比后一组测试者认为漫画更可笑。这个试验表明，我们心情的不同往往不是由事物本身引起的，而是取决于我们看待事物的不同方式。

心理学家兰迪·莱森讲了一个他自己的故事："有一天，我的秘书告诉我，我看起来好像不高兴。他自然是从我那紧锁的双眉和僵硬的面部表情中看出来的，我也意识到确实如此，于是我便对着镜子改变了我的表情。

不一会儿，那些消极的想法便没有了。"是啊，生命短暂，我们何苦又要自寻烦恼呢！

再讲一个案例。

小张和小王是同时入职的同事，两个人的职位相同，学历、经验也大体相当，于是小张就把小王当成了自己的竞争对手，经常在其他同事面前讲小王的坏话，有时还当面对小王冷嘲热讽。

刚开始时，小王觉得很生气，每天上班心情都很差，待人没有热情，工作效率也降低了，还挨了领导的批评。这些表现让小王觉得心惊：我怎么不知不觉中成了小张嘴里说的那个人呢？生气真是对自己一点好处都没有啊！不如就把小张的话当作对自己的鞭策好了，他说我为人冷漠，那我就真诚地对待同事；他说我业务不精，那我就多学习、多钻研；他说我没有业绩，那我就好好干，到时拿出成果来。

这样想着，小王的心情不知不觉地变好了，他觉得真是太好了，太幸运了，竟然有人愿意无偿地鞭策自己。

从这以后，小王发生了很大的变化，待人热情、工作努力，业绩上突飞猛进，领导看到这个年轻人是可塑之才，就给他又升职又加薪。

而小张还在原地踏步，他的那些谣言，也在事实面前不攻自破了。

小王取得的进步，源于他想法的改变，把负面情绪转化为积极的情绪，从而发奋图强，获得成长。

（2）培养自己的兴趣爱好

在情绪方面，一个有兴趣爱好的人通常比没有兴趣爱好的人要稳定，这是因为兴趣爱好一方面可以很好地缓解工作和生活中的压力；另一方面，当出现情绪不佳的情况时，把注意力转移到自己感兴趣的事上去，有助于使情绪平静下来，防止不良情绪扩大。

刘先生是某行政单位的中层领导，日常工作比较烦琐。最近他总觉得自己情绪不佳，并且浑身乏力，无精打采，又找不到原因，于是就向心理医生求助。心理咨询师通过了解发现，刘先生工作任务繁重，而且性格比较谨慎，虽说在单位人缘很好，但是却没有知心朋友，遇到烦心事后，他喜欢一个人憋着，压力得不到缓解。于是医生建议刘先生根据自己的喜好，培养一门兴趣爱好。

刘先生觉得自己对书法一直很感兴趣，就参加了书法班。在书法班上，刘先生感觉练字时，心情变得特别平静，只专注于把字写好，其他的烦恼都被搁置一边，练完以后心情变得很积极。另外，在书法班刘先生还结识了一些志趣相投的朋友，大家在一起切磋技艺，海阔天空地聊聊天，心中的压力也得到了释放。

刘先生感觉对工作又有了热情，恢复到以前神采奕奕、充满激情的状态。

（3）适度宣泄

过度压抑情绪只会使情况更加严重，而适度地宣泄则可以把不良情绪释放出来，从而使心情恢复平静。宣泄的方式有很多，如向亲朋好友倾诉，进行体育运动，到空旷的地方大声呼喊等。在这里我们向大家推荐一种方法，把不满的情绪通过书写的方式表达出来，这种方法既不打扰别人，还能在书写的过程中对整件事重新思考，整理思路，同时情绪得到了宣泄。

伍德先生在美国一家金融公司工作了十几年，一直是一名小职员，因为他学历不高，又没有从业资格证，只能做一些辅助性工作，所以同事们都看不起他。时间长了，伍德觉得这种被人鄙视的感觉非常不好，他实在忍不下去了，便决定离开这个公司。临走之前，他决定给那些轻视他的同事留下一些"纪念品"——用红墨水把每个人的缺点都写在纸上，然后送给那些同事，让他们知道自己也有缺点。

当伍德将心中的抱怨写好之后，他发现自己的怒气和委屈竟然在书写过程中逐渐消失了，他的心态变得非常平和。伍德觉得这个办法很好，自己也不用去辛苦地找工作了，便决定继续留在公司。

从那以后，每当心中有抱怨时，伍德就把心里想说的话写出来，立刻感觉轻松了很多。当然，那些纸条都被他小心翼翼地藏了起来，从不拿给别人看。事后他自己看这些纸条的时候，也觉得有些想法过于主观主义，不够全面客观，幸亏当时没有表现出来。心态调整好以后，伍德对同事们始终彬彬有礼，虚心向同事们请教问题，努力提高自己的业务水平，还考取了从业资格证，同事们也渐渐觉得他是一个有上进心、有涵养的人，再也不嘲笑他了。上司看到伍德的进步很快，而且和同事关系处理得非常好，便开始让他独立负责一些投资项目。

从这个事例中，我们可以看出伍德的成功转变很大程度上得益于他掌握了善于调节自己情绪的能力。

（4）调整个人的生物节奏

自我心理暗示、培养兴趣爱好、适度宣泄都是合理表达情绪的好方法，可以使负面情绪得到很好地疏导。另外，个人生物节奏也会影响情绪，需要每个人都遵循身体的规律。

加州大学心理学教授罗伯特·塞伊说："我们许多人都仅仅是将自己的情绪变化归之于外部发生的事，却忽视了它们很可能也与你身体内在的'生物节奏'有关。我们吃的食物、健康水平及精力状况，甚至一天中的不同时段都能影响我们的情绪。"

塞伊教授的一项研究发现，那些睡得很晚的人更可能情绪不佳。此外，我们的精力往往在早晨处于高峰，而在午后则有所下降。"一件坏事并不一定在任何时候都能使你烦心，"塞伊说，"它往往是在你精力最差时影响你。"

塞伊教授还做过一个试验，他在一段时间里对 125 名实验者的情绪和体温变化进行了观察。他发现，当人们的体温在正常范围内并处于上升期时，他们的心情要更愉快些，而此时他们的精力也最充沛。根据塞伊教授的结论，人的情绪变化是有周期的。塞伊本人就严格遵循着这一"生物节奏"的规律，来调整自己的工作内容，他说："我写作的最佳时间是早上，下午我一般都用来会客和处理杂事，因为那时我的精力往往不够集中，更适合与人交谈。"

· 保证睡眠充足

最近一项调查表明，美国成年人平均每天的睡眠时间不足七小时。匹兹堡大学医学中心的罗拉德·达尔教授的一项研究发现，睡眠不足对我们的情绪影响极大，他说："对睡眠不足者而言，那些令人烦心的事更能左右他们的情绪。"那么，一个成年人到底需要多长时间的睡眠呢？达尔教授做了一个实验，他在一个月的时间里，让 14 名志愿者每晚在黑暗中待 14 个小时。第一晚，他们每人几乎都睡了 11 个小时，仿佛是要补回以前没睡够的时间，但是此后他们的睡觉时间基本都稳定在每晚八小时左右。

在此期间，达尔教授还让志愿者每天记录两次自己的心情状态，所有的人都说在他们睡眠充足后心情最舒畅，看待事物的方式也更乐观。

· 经常亲近自然

许多专家认为与自然亲近有助于人们心情愉快开朗，著名歌手弗·拉卡斯特说："每当我心情沮丧、抑郁时，我便去从事园林劳作，在与那些花草林木的接触中，我的不快之感也烟消云散了。"

假如你不可能总到户外去活动，那么即使走到窗前眺望一下青草绿树也对你的心情有所裨益。密歇根大学心理学家斯蒂芬·开普勒做过一个有趣的试验，他分别让两组人员在不同的环境中工作，一组的办公室窗户靠近自然景物，另一组的办公室则位于一个喧闹的停车场，结果他发现，前者比后者对工作的热情更高，更少出现不良心境，工作效率也高得多。

· 养成运动习惯

另一个能有效驱除不良心境的自助手段是健身运动，哪怕你只是散步十分钟，对克服你的坏心情也能收到立竿见影的效果。研究人员发现，健身运动能使你的身体产生一系列的生理变化，其功效与那些能提神醒脑的药物类似，但比药物更胜一筹的是，健身运动对你有百利而无一害。不过，要想做到效果明显，你最好是从事有氧运动，比如跑步、体操、骑车、游泳和其他有一定强度的运动，运动之后再洗个热水澡则效果更佳。

· 合理饮食

大脑活动的所有能量都来自我们所吃的食物，因此情绪波动也常常与我们吃的东西有关。《食物与情绪》一书的作者索姆认为，对于那些每天早晨只喝一杯咖啡的人来说，心情不佳是一点也不足为怪的。

索姆建议，要确保自己心情愉快，你应该养成一些好的饮食习惯：定时就餐（尤其是早餐不能不吃），限制咖啡和糖的摄入（它们都可能使你过于激动），每天至少喝六至八杯水（脱水容易使人疲劳）。

根据最新研究表明，碳水化合物更能使人心境平和、感觉舒畅。马萨诸塞州的营养生化学家詹狄斯·瓦特曼认为，碳水化合物能增加大脑血液中复合胺的含量，而该物质被认为是一种人体自然产生的镇静剂。各种水果、稻米、杂粮都是富含碳水化合物的食物。

第三步，有效运用情绪

情绪中蕴藏着巨大的能量，但想运用得当却非易事。亚里士多德曾说：

"每个人都会生气，这并不难。但要能适时适地，以恰当的方式，对恰当的对象，恰如其分地生气，这就难上加难。"这句话就指出了运用情绪的困难，也为有效运用情绪指明了方向，那就是要区分场合、区分对象、选对方式。

人们常说"见什么人说什么话，到什么山唱什么歌"，就是强调了在采取行动时，一定要看场合、分对象，要根据场合、对象的特点来制订行动的方案。运用情绪也是如此。

下面就让我们借助具体案例，来看看该怎么做。

20 世纪 80 年代初期，张瑞敏刚到青岛电冰箱总厂（海尔集团前身）任厂长。当时，冰箱在我国还是非常稀缺的产品，所有厂家的产品都不愁卖，都是供不应求。在这种情况下，大家都关心产量，而不太关心质量，因为大家都认为"即使是用纸糊的冰箱也会有人买"。

张瑞敏却看到了这个问题的严重性，不管什么产品，如果不重视质量管理，最后肯定会被市场淘汰，眼下的供不应求只是暂时的，要想企业做大做强，必须要在质量上做到一流。张瑞敏专门花重金引进德国的设备和技术，学习德国和日本的质量管理模式，但是员工的思想触动却不大。在一次成品检查中，他发现 400 台冰箱中竟有 76 台存在各种各样的问题，都是不合格产品，这让他既生气又痛心。

怎么才能引起所有员工对质量问题的重视呢？他思考了很久。

第二天，张瑞敏把所有的不合格冰箱都摆了出来，然后让全体员工集合，当着所有人的面，他说要把这些不合格品全部砸掉，谁是责任者，谁就负责砸，然后就抡起大锤亲手砸了第一台。当时的情景让很多人都震惊了，还有更多的人看到冰箱被砸时伤心流泪。处理完这些冰箱之后，张瑞敏语重心长地讲述了质量工作的重要性，他告诉大家:"今天我们不砸掉这些有问题的冰箱,明天我们就会砸掉自己的饭碗。"

　　员工们陷入了思考,整个青岛电冰箱总厂陷入了思考,大家都认识到质量问题关系到厂子的未来,关系到自己的工作前途,生产不合格产品就是在一点点砸掉自己的饭碗。在接下来的一个月,张瑞敏组织召开了一个又一个会议,讨论的主题非常集中:如何从我做起,提高产品质量。几年以后,海尔的努力收到了回报,他们获得了我国电冰箱行业的第一块质量金奖。

　　这个案例中,场合是全体职工大会,想引起每个人的注意是难点;对象是全体职工,想触动每个人的内心不容易。砸冰箱之举似乎很疯狂,却蕴含了张瑞敏的苦心。看着那么多台价值不菲的冰箱被砸,还会有人不注意吗?亲手砸掉自己的劳动成果,职工能不感到耻辱和心痛吗?看到领导为了引起大家对质量问题的重视,不惜砸毁价值十几万元的产品,谁还敢说他对质量问题不够重视呢?

　　张瑞敏很好地运用了自己的愤怒,唤醒了职工对质量问题的重视,砸出了海尔的改革创新之路。

　　不仅愤怒这样的消极情绪可以被很好地运用,积极情绪也可以。

　　王勇在一家公司担任销售员,由于他踏实肯干、服务热心周到,积累了很多老客户,这个月他获得了全公司的月度销售冠军。王勇感到特别高兴,一直以来的努力终于有了成果。王勇的上司、销售总监李浩为了奖励王勇,也为了激励全体销售员,特意为王勇举行了庆功会。在庆功会上,李浩称赞了王勇的工作热情和销售方法,同事们也都表达了祝贺，这让王勇很自豪也很感动。当王勇沉浸在幸福感和成就感之中时，李浩突然问王勇敢不敢争取年度销售冠军，王勇在同事们的掌声中，立下了军令状。

从此之后，王勇更加努力地工作，积极做好推广和售后服务，进一步拓展了客户资源。在年终时，王勇真的拿到了年度冠军，兑现了自己的诺言。

在这个案例中，李浩在公众场合给予王勇肯定与激励，增强了他的自信心与自豪感，也增加了王勇对自己的信任。接着又抓住王勇沉浸在喜悦、兴奋、自豪等情绪的有利时机，对他提出更高的要求和挑战，这激发了王勇的好胜心，也激励他取得更大的成绩。

通过以上案例，相信你已经意识到，如果你掌握了运用情绪的技巧，就像有了一件攻无不克的法宝。

关于如何有效管理自己的情绪，解决问题的钥匙已经放在了你的手中，情绪管理是一个修炼的过程，相信只要坚持行动和实践，不断自我反省和改进，一定会对提升自己的情商有所帮助。管理好情绪，会让自己广结人脉，获得更多的资源，最终成功也就离你不远了。

感恩之心

● 成功从感恩开始

感恩是一种处世哲学，也是生活中的大智慧。一个有智慧的人，不应该为自己没有得到的而斤斤计较，也不应该一味索取，使自己的私欲膨胀。学会感恩，为自己已有的而感恩，感谢生活给你的赠予，这样你才会有一个积极的人生观，保持乐观健康的心态。

只有懂得感恩的人，才会对他人、对社会都真正负起责任。感恩既体现了对自己的尊重，也体现了对他人的尊重。有尊重才会有敬畏，敬畏是产生良好人际交往秩序的有效基本条件，而这也是保障自己人脉发展的基本条件，会让自己获得更多人的支持，加速自己的成功。

同样，社会需要感恩，生活需要感恩。感恩是发现和回报他人对自己的付出。感恩来自于心理的满足，来自于对人对事的宽容和理解，来自于一种回报他人和社会的良好心态。感恩，能够使人相互信任、相互理解、相互尊重，有利于建立良好的人际关系。感恩让个人心态能够保持平衡和稳定，公司发展壮大也就有了基础。

有这样一个故事。鲍尔和斯蒂文是很要好的朋友，他们一起穿越沙漠，打算去沙漠对面做生意。在穿越途中，他们因为生意上的事吵了起来，彼此互不相让，都觉得自己的想法有道理。争吵过程中，斯蒂文气急了，打了鲍尔一巴掌。鲍尔觉得很伤心，他没有还手，而是在沙子里写道：今天，我最好的朋友打了我一巴掌。

写完以后，他们继续行走，两个人都有些后悔，特别是斯蒂文觉得自己过于冲动了，但是又不好意思道歉。他们默默走了很远，突然鲍尔踩到了流沙里，身体慢慢往下陷。斯蒂文心里知道过去营救非常危险，可能会一起陷下去，但是他仍然不顾一切拉住朋友的手。最后鲍尔得救了，他非常高兴，于是找了一块石头，在上面写道：今天，我的朋友救了我一命。斯蒂文看到以后觉得一头雾水，奇怪地问："鲍尔，刚才我打了你一巴掌，我感到很后悔，你把这件事写在沙子上，而我救了你一命，你却把它刻在石头上，这是为什么呢？"

鲍尔笑了笑说："斯蒂文，你是我最好的朋友，如果你我之间有误会，或者你一时冲动做了对我不好的事，我会把它记在最容易消失不见的沙子上，一阵风就能把它抹掉；当你有恩于我，或者真心诚意地帮助了我，我一定会把这种情义铭刻在内心深处，就像风吹雨打也不会抹去石头上的文字！"

感恩的心态需要慢慢培养。感恩是一种内在的感悟，感恩的行为不是模式化的行为，是一种发自内心的、自然而然的流露。

有一个生活贫困的男孩为了积攒学费，挨家挨户地推销商品。已经整整一天了，他的推销很不顺利，而且他也一天没有吃东西了，他感到疲惫万分，饥饿难耐。他犹豫着要不要坚持下去，在脚步徘徊的时候，他决定去敲开最后一家的门，即使不能推销出去商品，也希望主人能给一点食物。

门打开以后，男孩看到屋里走出来一位美丽的年轻女子，男孩站在她面前，竟然忘了该说什么，只是断断续续地描述了一天的经历，并说自己非常饿，希望对方能给点吃的东西，随便什么都行。女孩子听完以后，转身从屋里拿出一杯牛奶和几块面包。

男孩狼吞虎咽地吃完了，然后小声问道："我应该付多少钱？"

女孩说："一分钱也不用，妈妈经常教导我们，要帮助别人，施以爱心，不图回报。"

男孩动情地说："其实我也没有钱，但是我保证以后有机会肯定会报答您，请告诉我您的名字，并收下我最真诚的感激！"说完便向女孩深深鞠了一躬，记住她的名字以后，就大步走出了那个街区。在回去的路上，男孩觉得自己浑身充满了力量，对未来的生活也满怀信心，他将继续努力奋斗，用自己的成长进步来回报那些充满爱心的人，那些给予他无私帮助的人。

许多年后，男孩成了一位著名的医生，他就是大名鼎鼎的霍华德·凯利。那位曾经帮助他的女孩得了一种十分奇怪的病，很多大夫都束手无策，她便慕名找到了霍华德·凯利所在的医院。霍华德医生看到患者的名字后，立刻冲进了病房，正是那位多年前在他饥寒交迫之时，热情地递过一杯牛奶几片面包，从而改变他的人生的女孩。当年正是那份爱心使他恢复了信心，完成了学业。

霍华德·凯利凭着高明的医术，治好了那位女子的病，可那位女子却不敢看医院的账单，她觉得这会花掉她的全部家当。当她终于鼓起勇气时，一行小字引起了她的注意：医疗费是一杯牛奶几片面包，霍华德·凯利。

每天怀有感恩地说"谢谢"，不仅仅能使自己有积极的想法，也使别人感到快乐。在别人需要帮助时，伸出援助之手；而当别人帮助自己时，以真诚和微笑来表达感谢；当你悲伤时，有人抽出时间来安慰你，这些小小的细节都是感恩之心的体现。

● 习惯了得到，便忘记了感恩

在生活中，总有只想得到、不想付出的人，他们千方百计地求你帮助，你一旦帮助了他一次、两次，甚至三次、四次，他还会无尽无穷地向你索取，他会觉得你应该帮他。如果哪天你不帮助他了，他就会恶狠狠地说："帮助我对你来说只是举手之劳，为何不帮我呀？"你如果拒绝，他会四处说你这个人无情无义，他便会记恨你。别人帮你，那是情分，别人不帮你，那是本分！以下的故事说穿了很多人，也说明了这个道理。

甲不喜欢吃鸡蛋，每次发了鸡蛋都给乙，刚开始乙很感谢，久而久之便习惯了。习惯了，便就理所当然了。于是，直到有一天，甲将鸡蛋给了丙，乙就不高兴了。乙忘记了这个鸡蛋本来就是甲的，甲想给谁都可以。为此，他们大吵一架，从此绝交。

有一年的夏天，一队人出去漂流。女孩在玩水的时候，把拖鞋掉了下去，沉在河底了。到岸边的时候，岸上全是晒得很烫的鹅卵石，而且他们还要走很长的一段路。于是，女孩就向别人寻求帮忙，可是谁都只有一双拖鞋，没法借给她。女孩心里很不高兴，因为她习惯了向别人求助，而且只要撒娇就会得到满意的答复，可是这次却没有。她忽然觉得这些人都不好，都见死不救。

后来，有一个男孩将自己的拖鞋给了她，然后自己赤着脚在晒得滚烫的鹅卵石上走了很久的路，还自嘲说是"铁板烧"。女孩表示感谢，男孩说："你要记住，没有谁是必须要帮你的，帮你是出于交情，不帮你也是应该的。"女孩记住了男孩的话，从此以后学会了对施以援手的人铭记在心，并给以更大的回报。

很多时候，我们总是希望得到别人的帮助。一开始，心中感激不尽，可是时间长了，次数多了，也就习惯了。习惯了一个人对你的好，便认为是理所应当的。有一天别人不对你好了，你便觉得不舒服。其实，不是别人不好了，而是我们的要求变多了。习惯了得到，便忘记了感恩。

在这里，我想请大家闭上眼睛想一想：您是一个感恩的人吗？您能随时想起生命中那些值得感恩的人和事吗？

● **职场不知感恩，事业发展受阻**

《中国经营报》在一次调查中显示，现代职场人士身上有四大"病毒"：对人不知感恩，对己不知克制，对事不愿尽力，对物不懂珍惜。"不知感恩"排在了第一位，不懂感恩的具体表现为不感恩公司、不感恩伙伴、不感恩客户、不感恩上司。

1. 幸福指数低

王平大学毕业后，应聘到一家外贸公司当销售员，经理让他从销售助理做起，跟着老业务员多学习多锻炼。他们经理也是从普通销售员一步一步成长起来的，对销售业务颇有研究，平时非常关心下属，也乐于培养下属，但是对员工要求非常严格，对失误和差错零容忍。

有一次，他们公司要参加一个展会，在制作宣传彩页时，王平把联系人的电话号码弄错了一位。印制出来的样品送到经理办公室，经理仔细看了一遍，马上就发现了那个错误。经理非常生气，把宣传页往王平面前一扔，大声说到："做宣传页这么简单的事都能出错，用心了吗？仔细检查了吗？想干就干，不想干走人。"想到自己平时辛辛苦苦工作，犯了这么一个小错误，经理却如此绝情，王平的委屈和不满战胜了理智，他冲动地说："不干就不干，有什么了不起的。"说罢，就摔门而去。

回到宿舍，王平给他的好朋友赵勇打电话，倾诉心中的苦闷，信誓旦旦地说下午就要辞职。赵勇安慰他说："作为你的朋友我支持你的任何决定，但是在你做出决定之前，首先要冷静地想想自己的问题和辞职的后果。宣传页印错了，你必须要承担责任，领导训斥你是为了帮你改正错误，这件事的根本原因在你身上。另外，经理的话虽然有些难听，但是你回想一下，你们经理除了工作上严厉之外，还有没有其他让你厌恶的地方，有没有对你好的方面？"

王平沉默了，往事一幕幕在他的脑海中浮现：

自己在公司第一次过生日，经理给他切蛋糕、唱生日歌；

经理经常在下班以后，还耐心指导自己做发货单，帮助与客户沟通，让他了解外贸工作的每一个细节；

有一次公司参加大型采购项目招标，经理鼓励他独当一面，给他很多锻炼的机会；

自己从刚开始的一无所知，到现在慢慢进入状态，对工作流程了如指掌，与客户沟通自如……

想到这些，王平陷入了沉默。赵勇继续说："你要始终牢记别人的好，也要看到领导的良苦用心，看到大家都在真心帮助你，这样你才能在工作中保持乐观向上，始终充满正能量，愿意为集体付出。如果你只是斤斤计较，容不得别人的批评，再宽的路也会越走越窄。"王平越想越羞愧，他决定马上去找经理承认错误。

仔细回想一下，在自己的人生中，有多少次像案例中王平的心理一样：对家人给予的无微不至的照顾、对同事给予的无私支持、对领导给予的悉心培养、对朋友给予的真诚帮助，都被我们熟视无睹、不再感恩。因为一丁点的不如意，就感觉莫大的委屈，仿佛觉得天下人都对不起自己，觉得人生前途黯淡无光，毫无幸福而言。

2. 事业发展难

我们公司曾经有一名员工，通过自己的努力，让当地很多优秀的企业家走进了我们的课堂。

团队建设模式和实战实效实用的课程，给了客户很大的价值，学完之后让他们的企业取得了快速的发展。那些企业家对这个员工很感激，所以他们的距离越来越近，关系也越来越好，有的甚至到了称兄道弟的程度，他们也支持这个员工在业绩方面一直名列前茅。

后来这名员工渐渐居功自傲，对主管领导也不放在眼里，对公司充满挑剔，最后决定自己出去创业。于是他找到那些关系很好的客户，希望得到资金的支持，但几乎所有人都选择了婉拒。

那些客户在和我们的领导交流时，谈到这个员工。客户们的原话是这样说的："跟他关系好，完全是因为公司的平台和声誉，如今他不知道感恩，离开了公司，我凭什么相信他、给他投资呢？"

反思这位员工，他总认为是自己为公司作出很大贡献，公司反而亏欠了他，给他的回报不合理，却没有想过他能有过去的成功，是公司为他提供了接触企业家的平台，是公司精益求精的产品，是无数的伙伴、老师共同积累的声誉和品牌在支持他。他不懂得去感恩，也没有去感恩。

曾经有一次，我接到一个学员的邮件。邮件中说自己是一个刚毕业两年的大学生，本来在职场上春风得意，很受领导器重，一年时间里连升两次。可最近一段时间，有好几次与升职的机会失之交臂，非常苦恼。

因为我和他的直接领导比较熟，便问了问情况。

领导说："那小子刚来的时候是挺好的，谦逊、踏实、有才干，可后来就飘起来了——自以为是、自视清高，最让人不舒服的是，任何人为他做什么，他都觉得是应该的，一点感恩心都没有。"

大家在感慨自己怀才不遇的时候，听完这两个案例，你心中有什么触动呢？

3. 知心朋友少

过去我们单位里边有一个小伙子，很勤奋，也挺懂事，很多人都愿意帮他。有一次我帮他介绍了一个客户，并很顺利地成交了，他当时非常激动，说等有时间要请老师吃饭。

后来因为忙，吃饭的事情就慢慢地淡忘了。

再后来发现他越来越特立独行，也越来越不合群。

有一次聊天的时候，大家说到这个人，都说这个人很不靠谱，我们办公室一共有八个人，都被他答应过请吃饭，也都是说说而已。

不要说现代人越来越功利，即便放在过去，如果一个人的付出，得到的总是你的无所谓，他也不会再一如既往地对你好，更不会把你当作真心朋友交往下去！

现代社会中，物质生活的发达导致精神情感相对匮乏，心与心的距离越来越远。我们发现，联系方式越来越方便了，联系的心情却越来越少；认识的人越来越多，说真心话的却越来越少；娱乐的方式越来越多，真正开心的时候却越来越少。每当一个人独处的时候，都会有莫名其妙的孤独感。

一个不懂感恩的人更是如此，缺乏感恩之心，最终带给他的将是知心朋友越来越少，最后成为孤家寡人。

● 认为理所当然是感恩最大的障碍

1. 没有感恩意识，认为理所当然

想一想在我们的生命中，有多少个理所当然。父母爱我们是理所当然，爱人对我们好是理所当然，领导培养我们、给我们机会是理所当然，好朋友的关心支持、细心照顾也是理所当然。难道真是这样吗？

有一次，我给国光集团做内训。看到公司内环境干净整洁、绿意盎然，网球、篮球、足球设施一应俱全，宛如一个现代化的大学校园，我禁不住赞叹道："你们的环境太好了，生活在这样的环境里边真幸福。"

随行的人却说："我们怎么没感觉呢，天天都这样，已经习惯了。"

是啊，习惯了也就没有意识、没有感觉了，公司给我们提供这么好的工作环境，变成理所当然了。

这是障碍一，没有感恩意识，认为什么都理所当然。

2. 因为自私，所以心安理得

不懂感恩的另一个原因就是自私！

尤其是现在成长起来的一代，独生子女越来越多，孩子一出生，往往就有七八个大人围着他转！孩子从懵懂记事起，就接受着来自别人的照顾和爱，因而养成了一切以我为中心、唯我独尊、自私的性格与习惯，从不会为别人着想。

付出一点就希望马上获得回报，付出一份努力就希望获得十份回报，否则就怨天尤人。

于是，任别人怎么付出，怎么爱他们，他们都能够心安理得甚至是理直气壮地接受。这种意识一直延伸下去并带到工作单位，他会是一个受欢迎的人吗？这样的人会有多少真正的朋友？

3. 不好意思，没有行动

几千年来，中国人的文化与思维传统就是含蓄内敛，以致我们虽心存感恩，但"不好意思"表达出来。

2014 年，我去参加一个企业家朋友的年会。

一个拿了销售冠军、领了 8000 元的大红包的店长，在感谢了父母、客户、下属、女朋友，甚至感谢自己之后，唯独没有感谢他的老板。

后来我与他沟通："你今天所有的幸福生活跟老板有关吗？"

他说:"有。"

我说:"那你为什么不当众感谢一下他呢?"

他竟然说:"他是领导,我有点不好意思感谢他!"

有多少次,面对我们生命中的贵人、恩人,因为我们所谓的含蓄和内敛,不好意思,不太习惯,甚至想当然地认为别人不需要,而很少表达我们的感恩和感谢。正是因为这样的原因,让自己失去了很多重要的机会,因为不会有任何人愿意永远支持不知感恩,甚至可以说不知好歹的人。

● 感恩的人幸福多

1.感恩的人幸福多

很多时候,我们总是计较失去的、得不到的,却从来不知道珍惜我们身边所拥有的幸福。

有一个励志演说家,同时他也是画家、诗人。在他少年时代,因为一次意外,失去了双臂和一条腿,后来又失去了一只眼睛。

面对这样的人生,他没有丝毫的抱怨,相反却时时抱着一颗感恩之心,他学习绘画、写作、演讲,还坚持每个月到医院做义工,他的励志演讲鼓舞、激励了很多年轻人,后来他还拥有了一个幸福的家庭、美丽贤惠的太太和一双聪慧可爱的女儿。

在他的演讲现场,台下的人几度落泪,台上的人却语气平和、充满笑声与幸福感。人们问他什么是幸福的源泉,他说了一句经典的至理名言:

"我从不想我失去的,只想我拥有的!"

怀有一颗感恩的心，能不断增强我们的幸福感。

他就是谢坤山，知名的口足画家，国际口足画艺协会的亚洲理事，曾出版自传《我是谢坤山》。

杜克大学生物和心理学家杜蕾思沃密教授指出，无论是对家人、恋人、朋友的感恩，还是对上苍、大自然、社会甚至是陌生人的感恩，也不论是说出来、写出来，或者是自言自语等方式，都明显有助于身心两方面的健康。

感恩的人幸福多——像谢坤山那样，永远不想失去的，只想自己拥有的！做最幸福的人！

2. 感恩的人有贵人

从心理学的角度来讲，每个人都渴望得到别人的认同，希望自己在别人心目当中很重要，任何人都不例外，所以让别人感受到最有成就感的话，就是直接向他表达："你很重要，我需要你，谢谢你！"

我有一个习惯，因为平时讲课时间比较紧，我总是会利用出差途中的时间，拿出手机，查看我的"贵人账户"——通讯录。一直以来，我都将那些曾经给予我帮助、支持，甚至严厉批评我的人，视为我生命中的贵人。

记得有一次在候机的时候，我给过去的老板打电话。

他接到我的电话很激动，我们回顾了在一起的美好时光，我再三向他表示感谢，并诚恳地讲出了心里话，如果没有他的支持，绝没有我的今天，他非常开心。

五天以后，他邀请我到他新开的公司看看，并力邀我做合伙人。

我虽然婉拒了，但我感觉特别幸福。

后来他成为我的第一个大客户，也是我职场发展中重要的贵人。再后来，我通过他又结识了不少经营企业的朋友，这些朋友与我们在企业员工内训业务方面，达成了许多合作。

感恩的人有贵人——因为人们不会永远支持一个不懂感恩惜福的家伙！

3.感恩的人有机会

史蒂文斯是一个编程高手，而且为人诚恳正直，非常懂得珍惜和感恩，他在一家软件公司工作了八年，正当他工作得心应手时，公司却因为资金链断裂而倒闭了。史蒂文斯很喜欢编程工作，也觉得自己很适合这个行业，所以他就去应聘新的程序员岗位。

有一天，他得到消息，微软公司在招聘程序员，待遇也相当不错。史蒂文斯看了招聘公告，觉得自己非常符合招聘要求，于是就信心十足地去应聘了。他在笔试和上机测试中发挥非常好，凭着扎实的编程功底，他都轻松过关了。事情发展很顺利，史蒂文斯收到了面试通知，他也专门为面试做了准备。

然而在面试现场，考官的问题却不是关于编程专业知识的，而是关于软件和互联网的未来发展方向，这是史蒂文斯的短板，平时工作中他只专注于编程业务，专注于解决编程难题，而对行业的未来发展缺少思考和认识。面试官的评语是编程技术很好，专业基础扎实，但是对工作缺少战略思考，与微软公司的发展定位有差距，史蒂文斯被淘汰了。虽然有点意外和难过，但是他依然给微软公司写了一封感谢信：贵公司花费人力、物力，为我提供笔试、面试的机会，虽然没有被录用，但通过应聘使我大长见识，获益匪浅，也让我准确看到自己身上的缺点，为未来的成长指明了方向。感谢你们为招聘工作付出的劳动，谢谢！

这封信在微软公司人力资源部引起了很大反响，后来被送到比尔·盖茨手中。三个月后，微软公司又出现职位空缺，他们就直接通知史蒂文斯来办理入职手续。十几年后，凭着出色业绩和为公司做出的贡献，史蒂文斯成了微软公司的副总裁。

面试失败后，仍不要放弃，求职者还有起死回生的机会。如对招聘公司的辛勤劳动给予感谢，这不但合情合理，还能反映出与众不同的作风，给用人单位留下深刻印象。当公司再次出现职位空缺时，或许首先想到的就是你。

让自己成为感恩的源泉吧。记住那些对你好、支持你的人，感恩他们，你所散发的感恩能量越大，你拥有的机会就会越多。用自己的正能量和感恩之心去影响更多的人，到头来你会发现，这个过程当中最大的收益人不是别人，一定是你自己！

● **常怀感恩之心**

感恩斥责你的人，因为他让你学会了思考！

感恩绊倒你的人，因为他强化了你的意志！

感恩遗弃你的人，因为他教会了你要独立！

感恩欺骗你的人，因为他增长了你的阅历！

感恩伤害你的人，因为他磨砺了你的心志！

感恩你所经历的一切苦难，因为这让你真正领悟到成功的真谛！

　　松下公司是世界知名的电器制造企业，也是日本的国家骄傲，曾直接和间接提供了 3500 万个就业岗位，成为全球第二大电机公司，这些成绩和被誉为"经营之神"的松下幸之助是分不开的。松下幸之助的成长道路并不是一帆风顺的，他不是一个幸运儿，也没有很高的起点，但是艰苦的创业经历却促使他成为一个永远的抗争者。

　　松下幸之助 9 岁就去大阪做学徒工，后来他的父亲又过早去世了，这使得 15 岁的他不得不担负起全家生活的重担，少年时期的困苦生活使他体会到了人间的艰辛。1910 年，他来到大阪电灯公司做一名室内电线安装练习工，一切从零开始学习。在工作过程中，他依靠诚实的品格和一流的服务赢得了公司领导的信任，公司所承揽的重要工程几乎都有他的参与，这为他积累了宝贵的经验。随着室内安装经验的积累，他觉得当时的灯座设计不够合理，于是他自己动手改良了灯座，可以让用户使用起来更加方便。没想到他的设计方案被公司否决了，大家都说一个小小的安装工怎么能否定工程师的设计，这对松下幸之助产生了一些影响，也让他产生了独立经营的想法。22岁那年，他晋升为公司最年轻的质量检查员，同时也遇到了人生中最大的挑战。

有一天，他发现自己咳出的痰中带血，开始他并没有太在意，但是后来胸部开始出现疼痛，咳血也愈加严重。松下幸之助去医院做了检查，医生告诉他一个不幸的消息——他得了肺结核，在当时的医疗条件下，肺结核是很难治愈的，死亡率也很高，医生建议他在家疗养休息。松下幸之助陷入了苦闷，如果他失业了，全家人将无以为生，他不可能按照医生的吩咐去休养，他没有退路。经过一段时间的调整以后，他反而想开了，既然医生说自己寿命不长了，那就更要努力奋斗，让人生更有意义。

松下幸之助只能边工作边治疗，他自己摸索出一套与疾病作斗争的办法：不断调整自己的心态，调动肌体的免疫力、抵抗力与病魔斗争，使自己保持旺盛的精力。治疗的过程持续了一年，他的恢复情况超出了医生的意料，他没有萎靡不振、卧床喘息，身体反而变得结实起来，内心也越来越坚强，这种心态影响了他的一生。

1915年春，松下幸之助与井植梅野小姐结婚，他的家庭生活状况也有所改善。结婚后，松下幸之助独立经营的愿望更加强烈，患病以来的苦苦思索，再加上改良灯座的愿望持续受挫，使他下决心辞职，并于1918年创立了松下电器制作所。松下公司不是一个一夜之间成功的公司，创业之初正逢第一次世界大战，当时资源短缺，物价飞涨，而松下幸之助的全部资金还不到100日元，困难可想而知。公司成立后只有三个人，最初的产品就是灯座和插座，而且千辛万苦生产出的产品还遇到了销售难题，产品销量很少，资金压力随之增大，工厂竟到了难以为继的地步。同事们都快撑不住了，大家的心情也沮丧到极点，但是积极的心态和永不服输的韧劲却激发出松下幸之助顽强的斗志，他认为自己已经没有退路，只有坚持下去并取得成功，才是对家人、对自己的最好报答。

功夫不负有心人，生意逐渐有了转机，他们生产的双头灯座越销越好，其实用性、便捷性受到消费者欢迎。后来，他们又开发出自行车前灯，满足了人们夜间骑车的需求，产品开始热销，公司慢慢走出困境。稍有好转的松下公司所面对的并不是一帆风顺的坦途，而是一系列汹涌波涛的开始。1929年，经济危机席卷全球，日本也未能幸免，松下公司销量锐减，库存激增。当全国的公司都开始裁员时，松下幸之助却毅然决定把产量减半，但不解雇任何一名员工，所有员工的工资照发，大家上午生产产品，下午出去推销。这一决定极大地增强了员工的忠诚度，每个人都决心与公司风雨同舟，自动自发地加班生产和推销。松下公司的库存越来越少，其他厂家都已经停产或半停产，只有他们一枝独秀，甚至还需要拼命赶工，唯恐供不应求。第二次世界大战爆发使日本经济走上了畸形发展之路，松下公司也受到很大影响，在最后战败时变得一无所有，还欠下了高达10亿日元的巨额债务。

日本战后重建开始以后，松下公司的目光也从国内转向国际市场，他们认为只有将产品销向全世界，才能获得更高的利润。1951年，58岁的松下幸之助开始了第一次美国之行，美国的科技发达、经济繁荣给他留下了非常深刻的印象，他像探险者一样，怀着好奇心到处参观学习，亲眼见证了很多先进设备和管理方法。向国际公司转型，引进先进设备，重建生产流程，这些举措让松下公司焕发出无穷的活力，公司再次壮大起来。到 1960 年，公司出口额突破 130 亿日元大关，业务涉及美国、东南亚、中南美、非洲等国家和地区。1961 年，正值事业巅峰的松下幸之助宣布退休，但三年后的一场经营危机又把这位年逾古稀的老人推到了前台。由于日本经济过度膨胀，出现了产能过剩和消费停滞，受外部经济环境的影响，松下公司的经营也急剧恶化。1964 年，松下公司的大部分经销商都出现连续亏损，倒闭现象也接二连三发生，如果这些问题解决不好，松下公司将失去大量的销售渠道和市场份额。在公司危难之际，松下幸之助毅然决定暂时代理公司营业部部长的职务。70 岁高龄的他，表现出让人难以置信的拼命精神，每天按时上班，坚持在第一线工作，帮助经销商们提高销量、加速回款，还制订了很多让利于经销商的优惠措施，由松下公司向经销商输血。在他的努力下，经销商整体走出低谷，公司渡过了难关，而且又上演了在经济不景气时期高速增长的好戏。

事后，全国两百多个经销商联合赠送给松下幸之助一尊"天马行空"的雕像，以表示感激之情，也象征着他的经营艺术已经到了"天马行空"的境界。晚年的松下幸之助依然在不断学习进步，他把自己对经营的理解传播给社会，同时大力支持教育、社会公共事业发展，为国家制定经济政策而献计献策，表现出一个企业家应有的责任感和使命感。

松下幸之助享年 94 岁，他在向人们表明，一个人只有从心理上、道德上成长起来，他才可以真正成功。他之所以能够走出严重肺部疾病的阴影，安然度过企业经营中的一个个惊涛骇浪，得益于他感恩生活中的一切苦难，让感恩成为其力量之源、爱心之根、勇气之本，最终成就了他的光辉一生。

　　只有我们时时怀着一颗感恩的心去面对生命中的坎坷辛苦，无论多大的风雨，无论有多少艰难，我们都可以勇敢地去面对、去挑战，永不放弃。当然，我们更没有理由不珍惜自己的工作，不热爱自己的事业。

● 修炼感恩力

　　人的一生，无论成败，都会得到很多人的帮助：父母的养育、老师的教诲、朋友的扶持、大自然的恩赐、时代的赋予，我们成长的每一步，都会有人指点，我们生活的每一天，都有人帮助，正因为这样，我们才会渡过一个个难关，一步步向成功靠近，创造并享受美好的生活。因此，我们要修炼自身的感恩力，时时怀着一颗感恩的心去行动，回报生活给予的一切。具体的方法是："四个一"开启感恩思维；"三个经常"养成感恩习惯。

"四个一"开启感恩思维

　　（1）随身一个感恩提示——时刻提醒自己，怀有一颗感恩之心。

　　★ 密码设置：把手机密码设置成"感恩一切""感恩的心""做感恩的源泉"等提示语句。有段时间，我将自己手机的开机密码设置为"感恩一切"，每当我开启手机的时候，都能感受到强烈的感恩能量。

　　★ 屏保设置：还可以将手机或者电脑屏保设置成与感恩相关联的内容。

　　★ 在书签或者笔记本醒目的位置设计感恩的内容。

　　★ 将项链、戒指、吊坠等首饰赋予感恩的意义。

★ 经常听感恩的音乐，唱感恩的歌曲，并静下来用心回味和互动。

（2）每月一次感恩冥想——深化感恩意识

★ 营造环境：每月固定一个时段，找一个不被打扰的空间，准备一段舒缓的背景音乐，然后静静地坐下来，随着音乐，回想这一个月来的经历，看看有哪些值得自己去感恩的人或事，并在心底按照如下模式，进行一次感恩冥想。

★ 感恩冥想：

音乐播放；

轻轻地吸气，慢慢地呼气；轻轻地吸气，慢慢地呼气；

每一次呼吸，都会感觉到自己越来越舒服、越来越放松，并留意自己的呼吸。

每一次呼吸都是宇宙的恩赐，活着就是一种恩赐。

我感恩，

当我需要帮助时，我感到自己得到了有力的支持。

人们找我帮忙时，我也同样会积极施以援手。

对于奉献，我始终怀有一种信念。

别人能够想到我，我心怀感激。

赋予我灵感的人，是身边每一个有缘的人。

当别人需要支持时，我非常慷慨。

能够帮助到别人，我感到骄傲与自豪。

我最喜欢的状态是奉献。

我乐于奉献。

每当做出奉献时，我感到光芒四射、充满活力。

支持别人时，我会感到一种神圣。

这种奉献的价值会激励我前进。

想到奉献的时候，我会感到浑身充满能量。

想起给予的时候，我会微笑。

当我遇到挑战时，我会发现自己出乎意料地充满力量。

生命中的每一个瞬间，我都会心存感激。

我真正关心的是能否随时随地帮助别人。

能帮助别人时，我会心满意足。

当别人需要我时，我的生命会充满意义。

沉醉在深深的感恩中，我会感到生命有所不同。

我想要说，感恩让生命充满能量。

我生命中最值得感恩的是每一个有缘遇到的人。

更要感恩工作上遇到的一切贵人。

我最大的力量源泉就是心存感恩！

★ 听感恩录音：可以将以上冥想的内容制作成录音，每到固定时段就认真进行聆听。

★ 感恩会：针对团队感恩意识培养的需求，我们建议企业召开集体感恩会，或者以部门为单位，定期举办感恩会。要求每个人对具体的人、具体的事，有具体的感恩动作。

（3）每年一堂课——升华感恩的灵魂

★ 课中体验：在特定的课堂氛围下，通过老师的专业引导和灯光音效的渲染，帮助学员之间开展互动。在课堂上，通过体验"用身体去学习"，借助相关道具等，进一步升华感恩的灵魂，达到身临其境的体验。

比如我们行动教育的《团队正能量》课程，学员普遍反映上完课以后懂得感恩了，更会表达感恩了。

★ 课后改进：每一次课后，列出三点关于感恩的改进计划，要注明计划的执行进度表和奖惩措施。

（4）每天感谢一个人——养成感恩的习惯

每天晚上九点前回顾一天的工作和生活，找到你最想感谢的人或事，发一条信息给他，注明是什么原因让你心生感恩，并真诚地表达感谢，感恩对象可以包括父母、兄弟、姐妹、孩子、同事、下属、领导、客户、朋友等，可以是理解你的事、支持你的事、包容你的事、鼓励你的事、欣赏你的事、帮助你的事，也可以是那些打击你的事、批评你的事、鞭策你的事、考验你的事、为难你的事、欺骗你的事、惩罚你的事、抱怨你的事，因为这些事可以让你增加见识，学会独立，找到缺点和不足，消除错误带来的影响，我们都要发自内心地感谢。

以上就是"四个一"开启感恩思维。

"三个经常"养成感恩的习惯

（1）经常说谢谢

我们很多人都不太喜欢说谢谢，总觉得我对他充满感激之情，说与不说对方都会知道，可事实上绝非如此。

小张是个好员工，工作上任劳任怨，不管是不是自己的事，只要别人需要，他都很乐意跑过去帮忙，并且脸上一直挂着浅浅的笑容。刚开始的时候，同事们还会很客气地说声谢谢，时间久了，就慢慢对小张的付出习以为常了。

渐渐地，小张的工作积极性越来越差，脸上的笑容越来越僵硬，同事们也感觉小张越来越被动，小张感到不被大家认同，心里很孤独，度日如年，最后想到了辞职。

在公司的一次例会上，有一个同事表达了对小张的感激之情，他说以前未曾说出来，但心里一直记着小张的好。经他这么一说，大家纷纷表达了对小张的感谢。台下的小张感动得热泪盈眶，很真诚地分享了自己的心路历程，并感谢大家的认同。

会说谢谢、常说谢谢是一种美德，更是一种情操，是对付出之人的一种认同和肯定。不管是亲人、朋友、同事，对他们的付出都要发自内心地表达感谢！

说出来的爱才是真正的爱，表达出来的谢谢，才是让对方感受得到的感恩！每天检视自己的行为，随时向那些在你的生命中结下善缘的人，表达你的感谢！

（2）经常做感恩沟通

★ 建立感恩银行：先列出感恩名单，像在银行存钱一样，持续不断地进行感恩行动，储存你的感恩能量。

有一个工程师叫贝尔，他在一家机床厂从事研发工作，工作能力上没什么问题，只是对待工作、对待人生的态度比较消极，总是有很多负面的情绪和想法，对周围的每个人都看不顺眼。由于处理不好人际关系，贝尔遇到了很多倒霉事，先是被工厂辞退了，接着妻子也离他而去。贝尔觉得上天对自己太不公平了，慢慢失去了对生活的信心，整天郁郁寡欢，甚至想到了自杀。后来在父母的劝说下，他决定先不找工作，给自己放一个长假，出去走走，换换心情。

在一次登山活动中，他掉队迷路了，与团队和向导失去了联系，又遇上暴风雪，被封在了藏身的山洞中。有限的给养很快被消耗完了，也没法呼叫救援，贝尔在洞里又饥又渴。在撑过了四五天以后，他感觉自己肯定出不去了，很有可能葬身于此，他觉得自己的人生如此失败，死在哪都无所谓，反而能平静下来回忆往事。他想起小时候去河里滑冰，一不小心掉进了冰窟窿里，他的邻居连衣服都没来得及脱，冒着刺骨的严寒，跳到河里把他救了出来；他想起童年与外公外婆相处的快乐时光，自己曾经装扮成小丑，逗得外公外婆哈哈大笑；他想起自己向妻子求婚的经历，当时觉得自己是世界上最幸福的人；他想起抚养自己长大的父母，一直给自己最无私的爱。他想起那些朝夕相处的同事，很多人给了他照顾和帮助……他突然想到一个问题，为什么自己现在的生活会一团糟，就是因为他缺少感恩，对别人的付出漠不关心，对生活没有丝毫热情。他醒悟了，醒悟带给他的是力量和温暖，这股暖流促使他拿起笔，在随身携带的白色丝巾上写下需要感恩的人，第一个、第二个……他一边写，一边止不住地流泪，原来这个世界上有这么多人帮助过他、爱着他。为了这些关心自己的人，自己一定要活着出去，亲口说出迟到多年的感谢。这种信念支撑着他，让他等到了搜救队。

康复出院以后，贝尔立即按照名单，逐一登门拜访，向他们讲述自己的遇险经历，讲述自己的所思所得，最重要的是表达了自己的由衷感谢。有些人已经离开人世了，但他们的子女也非常感动；有些人已经忘记了那些事，但听完后也感到非常幸福；更多的人听得泪流满面，从他身上看到了感恩的光芒。他还找到了他的前妻——那个他曾痛恨的女人，说自己没能给她幸福，希望得到她的原谅。最后，他来到了父母家，向他们讲述了自己的收获，并说自己以后会好好生活，努力回报父母的养育之恩。

做完这些事以后，他发现心中的怨气不见了，取而代之的是感恩。从此以后，他的生活开始变得充满快乐和阳光，他开始了新的工作，收获了新的爱情。没事的时候，他逢人就分享他的生命感悟：感恩就会拥有一切。

还等什么，赶紧拿出笔，像贝尔一样，写下在你生命中值得感谢和感恩的人，想起来多少就写多少，同时写下因为什么事情要感谢他们，这些人组成了你的感恩银行。

★ 为自己列一个感恩行动计划。

感恩行动计划（每季度填写一次）			
我要感恩的人	我的行动（具体内容）	结果记录	下一次感恩行动（具体内容）

★ 生日祝福：对于生命中支持过自己、给过自己机会的人，要记住他们的生日，并准时表达你的感恩和祝福！打电话不少于三分钟，邮件或信件不低于五百字，微信或短信一定要亲自编写，不低于 80 字。

★ 常联系：一年之中除了正常沟通之外，还要至少有两次专门表达感恩。如果不在一起工作和生活，每个季度要至少联系一次！

建立感恩银行，持续感恩行动，养成感恩的习惯。

（3）经常作感恩分享

经常做感恩分享，将有助于我们养成感恩的习惯。

★ 微时代的微分享：在信息传播越来越便捷的时代，你可以充分运用手中的工具，比如博客、微博、微信等，来传播、分享感恩的故事，影响到更多的人，你影响到的人越多，带给你的正面能量就越大！

比如在自己的微博上经常发一些感恩的文字，并引导大家进行讨论。多留意社会上的热点话题和事件，有意识地与感恩建立连接。

如果能够把一些感恩的分享和话题变成圈子当中的热点，无论对自己或别人都会有很大的帮助。

★ 公众分享：在所有的公众场所，比如公司的会议、朋友家人的聚会，或者有公众演讲的机会，分享感恩的力量和能量，分享感恩的故事，分享自己的心得。分享得越多，自己的幸福感就越强，获取的正能量就越大。

感恩需要持续不断的践行，直到完全融入你的生命，成为血液灵魂的一部分。此时，你就能够感受到它带给生命的巨大变化，你将从喜悦中感受到巨大的激情和能量！

感恩，会让我们变得宽容，心胸更加宽阔；

感恩，会让我们有越来越多的朋友和贵人；

感恩，会有助于我们的事业发展；

感恩，会大幅提升我们的职场幸福指数！

感恩对于我们每个人的生命状态，乃至生活的方方面面、点点滴滴，都有巨大的影响，甚至决定了我们的生命品质和未来成功的方向！

感恩不能仅仅停留在知道感恩重要性的层面上，更关键的是要去践行，要真正通过行动去修炼，让自己成为一个懂得感恩、践行感恩的人，并幸福地享受到感恩带给自己人生和事业的美妙变化。

● 孝道"四境界"

何谓孝道？《尔雅》里的定义是：善事父母为孝。汉代贾谊的《新书》里定义为"子爱利亲谓之孝。"东汉许慎在《说文解字》中指出，"孝，善事父母者。从老省、从子，子承老也。"他根据"孝"字的小篆字形，认为"孝"字是由"老"字省去右下角的"匕"，与"子"字组合而成的会意字。"老"与"子"合起就是"孝"。"老"是上一代，"子"是下一代，上一代与下一代密不可分。

"孝"字，就好像是一个儿子背着一个老子。上一代想着如何养育好下一代，才能对他的父母、祖先和社会有所交代；下一代想着如何回报父母，即把奉养父母的责任担在肩上，时时想着如何让父母生活得更快乐。从"孝"字构成上看，"孝"字本义是一个子女如何"善事父母"的道德观念，因而孝是子女对父母的一种善行和美德，是家庭中晚辈在处理与长辈的关系时应该具有的道德品质和必须遵守的行为规范。

孝道是中华民族的基本传统道德行为准则，几千年来，人们把"忠孝"视为天性。综观《论语》《孝经》，儒家所谓的"孝道"，由低到高可以分为"养父母之身""养父母之心""养父母之志"和"养父母之慧"四种境界。只有在行孝实践过程中，逐步地由低境界向高境界努力，才能达到"孝道"的最高境界。

1. 小孝——孝养父母之身

包含按季换衣、口福不缺、住宿安适、行有所扶。即衣着方面，要能够按照季节变换让父母长辈更换衣服；食物方面，让老人口福不缺；居住方面要安全舒适；行动便利，有所扶持。孝身重在养，是最简单的孝。《论语》里讲："今之孝者，是谓能养。至于犬马，皆能有养。不敬，何以别乎？"意思是说现在所谓的孝，只要能供养父母就行了。狗马都能得到饲养，如果不是真心孝敬父母，那养活父母和饲养狗马有什么区别呢？这是动物都具备的本能而已。我们知道，羊羔尊敬羊妈妈，跪着吃奶；幼小的乌鸦会反哺父母，更何况我们人呢。

对父母的身体健康要懂得时时关怀，古书中记载，对于 60 岁以上的老人，我们就要把他们当成小孩来关怀照顾。老人在晚年容易感到孤独、寂寞，而且身体也比较虚弱，我们应该常常体恤父母身体状况。每年带老人去体检，在季节交替时，叮嘱老人适时地换衣服，吃东西要注意卫生。

现在很多人为了谋生远离父母，迫于生活压力，终日忙于工作，这样更要经常给父母打电话，告知父母近况，也算是尽一份孝心。

例如，孔子的学生子路出身贫寒，经常吃野菜度日，但是为了让父母能吃到饭，他不辞辛苦，走到百里之外买米背回家，努力奉养双亲。后来双亲去世了，他周游列国，在楚国做了大官，家中的米堆积如山，随从的车辆数以百计，吃饭时山珍海味摆满桌子，可是子路却很伤感双亲已去，再不能膝下尽孝，虽想报父母之恩却不能！

2. 中孝——孝养父母之心

包含父母所亲的人、所亲的事、所亲的物，即人、事、物三个方面顺应父母的心，我们做子女的平日里要细致观察老人所爱的是何物，所近的是何事，所亲的是何人。孝心以顺为主，在法理道德框架内，要时时处处顺从父母的心，父母所爱之物，我必爱之；父母所爱之人，我当敬之；父母所愿意做的事，我应奉行之。

春秋时期楚国有一个姓莱的人，年近 70 岁了，大家都叫他老莱子。老莱子的父母还在，都是九十多岁的人了。老莱子很孝顺，每天给父母提供的饭菜都是柔软可口、便于老人食用的。老莱子很体贴老人的心，从不说自己老，怕父母伤感自己的老迈。为了逗双亲开心，他常常穿起色彩鲜艳的衣服扮成小孩，在父母身边玩耍，甚至翻跟斗逗父母开心。这样让父母捧腹大笑，使父母每天都过得很快乐。

我们现代人能以自己的收入供养父母，已经很难得了，如果还能让父母活得开心，这就更加难得。近年来，在广州市评出的十大孝子里，我就看到了一个例子。1993 年，从医科大学毕业的学生徐育彩分配到金盘护老中心工作，不久就被提升为该中心的主任。她用心让所有的老人快乐开心，每月拿出自己的工资为护老中心的孤寡老人过生日，买礼物送给他们，买生活用品贴补生活困难的老人，让这些孤寡老人感受到亲人的关怀。八年来，她总共为这些老人支出了十万余元。在这里，我们可以看到，这位护老中心主任非常有爱心，想方设法让所有的老人都开心，这种孝心多么感人！

3.大孝——孝养父母之志

这包含使亲顺心、使亲和乐、使亲了愿。

为人父母都盼望自己的孩子能有出息，《孝经》中说："身体发肤，受之父母，不敢毁伤，孝之始也。""立身行道，扬名于后世，以显父母，孝之终也。"这就是孝养父母之志，用自己的德行奉献社会，赢得人们的赞誉，这是父母最自豪最欣慰的事。《弟子规》中说："身有伤，贻亲忧，德有伤，贻亲羞。"我们要为父母增光，而不能做使父母蒙羞的事。

我们都听说过孟母教子的故事——孟母三迁，孟母不辞辛苦，三次搬家，从坟场附近迁到市场附近，再搬迁到学校（私塾学堂）附近，使孟子从小受读书人的影响，热爱学习。有一次，孟子逃学回家，孟母"断机杼教子"，把织了一半的布匹剪断，孟子看了吓一跳。孟母以此告诫儿子：你中断学习，就如我剪断这未织完的布匹一样，是一事无成的。从此，孟子发愤读书，继承孔子的儒学，从而成为亚圣（孔子是至圣）。孟母有志培养儿子成为出色的人，而孟子不负母亲的栽培，果然光宗耀祖，大孝显亲，这是孝养父母之志。现代社会的父母也都望子成龙，希望我们做子女的拿出孟子那种发愤精神，成为对社会、对人类有贡献的人，以养父母之志。

再举一个例子。中国记载历史的名著有《史记》和《汉书》等，其中《史记》是由司马迁写的，由黄帝时代开始，一直写到汉朝。《汉书》记载了自汉高祖开始，至王莽篡位共229年的历史。《汉书》的作者是班固，但实际上《汉书》是班固父子，以及班固的妹妹班昭，两代三人共同完成的。班固的父亲叫班彪，是一个很有学问的人，他读了《史记》很赞叹太史公司马迁能写出这样优秀的作品，使中国的历史得以流传。可惜《史记》只写到汉武帝时期，于是班彪下决心要把历史继续写下去。他开始收集有关资料，做好相关准备，然后开始写作了。可惜他的寿命不长，只活到52岁，还没有写完就去世了。班彪的儿子班固从小受父亲熏陶，学识也很渊博。父亲去世后，他整理父亲的遗物，发誓要继承父亲的遗志，把《汉书》写完，完成父亲的事业。班固虽经历种种挫折，但始终没有放弃这个志愿。他不幸遭到朝廷小人的诬陷，而被判刑入狱。在监狱里，他坚持整理写书，之后被皇帝释放回家，仍继续不停地写作。后来班固去世了，《汉书》还有少部分未完成，班固的妹妹班昭是一个很有学问的女子，又继续哥哥的事业，最后完成了《汉书》。这不就是孔子所说的"夫孝者，善继人之志，善述人之事者也"吗？

4. 至孝——孝养父母之慧

这包含使亲所明、使亲所智、使亲所悟。

人生有三戒,第一,"少者戒之色";第二,"壮者戒之斗";第三,"老者戒之得"。人老了最忌讳的就是常常患得患失,说简单点就是不要贪心。有些老人常常会跟别人攀比,比如别人有孙子,为什么我没有;别人住别墅,我为什么住平房;别人银行有多少存款……而且想不开还经常生闷气,常常处在不满足、不快乐的心境中。为人子女,我们不应该态度生硬地批评指责他们,而是要婉言悦语地耐心开导:"钱够花就可以了,家财万贯每天能吃多少? 还不是一日三餐,房子再大还不是睡一张六尺床,人生要知足常乐,关键是要过清净自在的晚年生活,养老就是养心。心要净,心要宽,心要真诚,心要平等,心要包容,心要慈悲,这样整天没有忧愁烦恼,这才是幸福晚年。"

《弟子规》中有句话:"亲有过,谏使更。怡吾色,柔吾声。谏不入,悦复谏。号泣随,挞无怨。"意思是父母有过错,要及时地规劝他们改正。规劝时要和颜悦色,说话声音要温柔。如果你的劝说父母听不进去,那就等他们高兴时再说。哪怕是最后要哭泣着予以规劝,甚至挨打,也不能有怨言。这就是孝养父母之慧的表现。

实际上,孝养父母之身、孝养父母之心、孝养父母之志、孝养父母之慧,四者是融合一体的。《感应篇汇编》中有一个例子,古时候有一个孝子叫崔沔(音免),他母亲双目失明,他到处为母亲求医治疗,不惜倾家荡产。他侍奉母亲30年,总是那么恭敬真诚。晚上,不脱帽子和外衣,以便听到母亲召唤就能马上到母亲身边照顾。每当过年过节,或遇到良辰美景,大家相聚时,崔沔一定扶着母亲赴宴,让母亲开心,和大家有说有笑,让母亲忘掉失明的痛苦。母亲过世了,崔沔非常伤心,祭祀母亲时发誓为母亲终身吃素。他在朝中做官，收入很丰厚，慷慨地帮助他的哥哥、姐姐、侄子、外甥。崔沔说："母亲已经过世了，我没有办法表达对母亲的孝心了，想到她老人家在世的时候，最挂念的就是哥哥、姐姐、侄子、外甥这几个人，所以我都要好好地厚待他们，这样或许可以安慰母亲在天之灵啊！"后来，崔沔官至中书侍郎，他的儿子崔佑甫成为贤明的宰相。

感恩父母，他们给我生命。

感恩工作，它让我有了存在的价值。

感恩所有帮助我的人，他们的爱让我感到温暖。

感恩所有我遇到的人，他们让我不再孤单。

感恩所有误会我的人，他们锻炼了我与人交往的能力！

感恩宇宙万物，花草树木，阳光雨露，

它们让我的生命绽放得如此精彩。

感恩一切的经历，

它们让我感受到生命如此丰富和美好！

我将在深深的感恩中经历生命的美好，珍惜自己的每一寸光阴！

责任之心

● 责任是一种伟大的品格

爱默生说:"责任具有至高无上的价值,它是一种伟大的品格,在所有价值中它处于最高的位置。"

科尔顿说:"人生中只有一种追求,一种至高无上的追求——就是对责任的追求。"

责任,从本质上说,是一种与生俱来的使命,它伴随着每一个生命的始终。事实上,只有那些能够勇于承担责任的人,才有可能被赋予更多的使命,才有资格获得更大的荣誉。一个缺乏责任感的人,或者一个不负责任的人,首先失去的是社会对自己的基本认可,其次失去了别人对自己的信任与尊重,甚至也失去了自身的立命之本——信誉和尊严。

清醒地认识到自己的责任,并勇敢地扛起它,无论对自己还是对社会都将是有积极意义的。人可以不伟大,人也可以清贫,但我们不可以没有责任感。任何时候,我们都不能放弃肩上的责任,扛着它,就是扛着自己生命的使命与信念。

克里米亚战争胜利以后，斯特拉特福子爵专门举办了庆功晚宴，人们讨论战争的得失，也争论战争中发现的问题。子爵要求所有参战的军官们考虑一件事，看看谁在战争中给他们留下了最深刻的印象，谁在战争中发挥了大家公认的巨大作用。每人将自己的答案写在纸条上，汇总到一起以后，子爵宣布了最后的结果，大部分人都写下了同一个名字：南丁格尔，她是那场战争中赢得最高声誉的人。

　　在战争进入胶着阶段以后，南丁格尔带着护士分队来到了前线，因为那里的伤员最需要救助。战争是残酷的，一场战斗持续几个小时以后，成百上千的伤员被运到了战地医院，而南丁格尔的任务就是救助更多的伤员，挽救更多的生命。战斗在持续，送来的伤员也越来越多，战地医院里很混乱，远处的枪炮声、伤员的哭喊声交织在一起。在这种情况下，南丁格尔发挥了很大作用，她把护士组织起来，分配不同的工作，并快速规范了医院秩序，让最严重的伤员得到最及时的治疗。她还常常冒着危险去战斗的最前线救助伤员，让伤员在后送之前就得到及时的包扎止血，为医院的手术赢得了宝贵时间。

　　每天的工作都很辛苦，南丁格尔除了保障手术、照顾伤员之外，还要指导很多护士的工作，检查工作落实情况，经常一站就是 20 个小时，一忙就通宵达旦。

　　一位战地医院的外科医生说："南丁格尔的听觉和视觉系统都非常敏锐，我和她做过好几次非常重大的手术，她的护理技能非常好，配合手术时每个动作、每项操作都精准到位。当她面对一个奄奄一息的重伤员的时候，她能够深情地安慰伤员，让伤员快速平静下来，积极配合治疗。她能够激发伤员的勇气和信念，用各种方法来减轻伤员的痛苦，她走到哪里都会给伤员带去温暖的力量。"

一个伤员说:"她的微笑是充满力量的,她高超的护理技术把我们从鬼门关拉了回来,她就是我们的生命女神。"另外一个伤员说:"在南丁格尔到来之前,战地医院里总是乱糟糟的,很多伤员都错过了救治时机;在她到来之后,每项工作都能有条不紊地运行,大家好像同时拥有了主心骨。"

南丁格尔被誉为"护理学之母",在这场战争的考验中,她让护理工作更加科学和规范,从而创立了真正意义上的现代护理学,使护士成为一种受尊敬的社会职业。她的故事告诉我们,一个人来到世上并不是为了享受和虚度光阴,而是为了完成自己的使命,做出自己的贡献。正是在强烈使命感的带动下,在短短三个月的时间内,南丁格尔使伤员的死亡率从42%迅速下降到2%,创造了当时的奇迹。

责任就是对自己所负使命的忠诚和信守,是一种强大的内在驱动力!

曾经有个企业家问我,衡量一个员工能不能成功的最重要的标准是什么?我觉得就是员工的责任意识!一个企业管理者说:"如果员工能真正钉好一枚纽扣,这就比你缝制出一件粗制滥造的衣服更有价值。"尽职尽责地对待自己的工作,无论自己的工作是什么,重要的是你能否出色地完成它。

那么在企业中,责任意识如何体现呢?

(1)不找借口;

(2)坚守承诺;

(3)保证成果。

责任就是忘我的坚守,责任就是人性的升华,责任是一个人获得成功的价值基础。

比如联邦快递的一位客户经理，为了给遥远地区的新娘准时送去订制的婚纱而包租飞机。四季酒店的门童为了给已经登机离开的客户送去丢失的行李，自己买了张机票将行李送到客户所去的城市。

青岛原德国租界区的下水道在高效率地使用了百余年后，一些零件需要更换，但当年的公司早已不复存在。青岛市政公司四处寻觅配件公司，后来一家德国企业发来邮件，说根据德国企业的施工标准，在老化零件周边三米范围内，应该可以找到存放备件的小仓库。市政公司根据这个提示，在下水道里找到了小仓库，里面全是用油布包装好的备用件，依旧光亮如新。上海的地标建筑——外白渡桥，已经有一百多年历史了，但它的设计方英国华恩厄斯金设计公司却始终关注它。2007 年，上海市政工程管理局收到了这家公司的来信，提醒相关部门要对外白渡桥进行修缮，因为它的设计使用年限是 100 年，而今已到达预定期限，随时可能出现安全问题，随信还寄来了完好如初的设计图纸，作为检修的参考。

责任能够让一位员工具有最佳的精神状态，精力旺盛地投入工作，并将自己的潜能发挥到极致。

● 责任胜于能力

在 1968 年墨西哥奥运会比赛中，最后跑完马拉松赛跑的选手是来自非洲坦桑尼亚的约翰·亚卡威。他在赛跑中不慎跌倒了，拖着摔伤且流血的腿，一拐一拐地跑着。所有选手都跑完全程后很久了，直到当晚7:30，约翰才一个人跑到终点。这时看台上只剩下不到 1000 名观众，而当他跑进体育场的时候，全体观众起立为他鼓掌欢呼。之后有人问他："你为什么不放弃比赛呢？"他回答道："国家派我从非洲飞越了几千公里来这里参加比赛，不是为了参加起跑——而是要完成整个赛程！"

是的，他肩负着国家赋予的责任来参加比赛，虽然拿不到冠军，但是强烈的责任感使他不允许自己当逃兵，而他的行为则赢得了全世界的掌声。

责任让一个人从普通到卓越，从平凡到伟大。

履行责任需要具备履行责任的能力，一个优秀的人才应该全面提高自己的素质和能力，让自己成为一个擅长履行责任的人。

现代企业在用人时非常强调个人的知识和技能，事实上，只有责任心与能力都具备的员工才是企业真正需要的人才。没有做不好的工作，只有不负责任的人，每一个员工都对企业负有责任，无论你的职位高低。一个有责任感的人才会让别人产生信任感，会吸引更多的人与自己合作。责任保证了周到服务，保证了爱岗敬业，保证了创造创新……可以说责任保证一切，正是这一切，保证了企业的竞争力，也真正代表了一个员工对企业的责任感和忠诚度。

在企业里，责任是胜于能力的。无论多么优秀的能力，只有通过尽职尽责的工作才能完美地展现。不知道用奋斗担负起自己责任的员工，即使工作一辈子也不会有出色的业绩。

海尔的一名员工这样说过："我会随时把我听到的和看到的关于海尔的意见记下来，哪怕我是在朋友的聚会中，或是走在街上听陌生人讲话，因为作为一名员工，我有责任让我们的产品更好，我有责任让我们的企业更强大、更受消费者欢迎。"

如果一个企业的员工兼有高度的责任感和优秀的个人能力，那么他就会乐观地迎接挑战，乐意担负起实现公司战略目标的责任。

在完善和提升个人素质时，每个人都应当记住——责任胜于能力！服务于企业的每一位员工都应该铭记自己的责任。当然，对尽心尽力履行职责的最大回报就是，这位员工将被赋予更大的责任和使命，因为只有这样的员工才真正值得信任，才能担当起企业赋予的更大的责任。

责任之所以获得认同，责任感之所以被强烈呼唤，是因为责任感带给人安全、信任、踏实、靠得住的感觉。你也是企业的一名员工，你做到了吗？你能做到尽职尽责吗？

● 责任铸就成功

承担责任就是机会

美国前总统威尔逊说过："责任感与机遇成正比！"我们说，100% 承担责任的好处之一就是承担责任就有机会。

他家境贫寒、生活困苦，15 岁那年为了减轻家里的负担，他不得不离开学校、独自谋生。因为平时总是饥一顿饱一顿，所以他有些营养不良，长得有些瘦小。在朋友的建议下，他到麦当劳门店应聘服务生，他觉得服务生的工作量不大，身体瘦弱也能够胜任。没想到，当天参加应聘的人很多，麦当劳挑选的空间非常大，当店长看到他的瘦弱模样后，毫不犹豫地拒绝了他的要求。

他觉得这个应聘机会很难得，一直在恳求店长，他说："求求你了，让我留在店里干活吧，不给工钱都行，只要能让我吃上两顿饱饭，我干活很利索的。"店长脸上露出为难的表情，他也可怜这个孩子，但是又怕他干不了服务生。正在经理犹豫的时候，一个顾客从卫生间里走出来，嘴里一直低声说厕所这么脏都没人收拾。他顺势接着说："要不就让我打扫厕所吧，厕所太脏会影响顾客的评价。"店长无奈地点点头，表示可以让他试试。店长同意以后，他就立即"上班"了，厕所确实很脏，很长时间没有彻底打扫了，散发出难闻的气味。为了不影响顾客用餐，他把自己关在厕所里，反复擦拭和除垢。一个小时以后，店长特意去厕所检查了一下，他想知道这个孩子能不能干好。事实出乎店长的意料，厕所里焕然一新，难闻的气味也消失了，店长非常满意。

为了能够让厕所保持干净整洁的环境，不影响营业时间的正常使用，他又申请住在店里，这样就有更多的时间收拾厕所。每天下班以后，他都把厕所彻底清扫一遍，一直干到深夜，第二天早晨他还会帮助服务员们打扫卫生、擦拭桌椅，营业时他每隔一会就去厕所收拾一下。他在厕所里摆放了花草，进一步净化了厕所的气味，让人们在厕所中也能够欣赏到美。另外，他还把人们喜欢的格言警句贴到厕所墙上，增加了厕所的文化气息，这些举措都让顾客感到惊喜，得到了顾客和员工的一致好评。他把所有心思都放在了厕所上，他让这家店的厕所"比一般的餐馆还要干净"，也在无形中带动了门店管理，形成了良好的顾客口碑。

这一切被这家门店的老板——麦当劳在澳大利亚的奠基人彼得·里奇看在眼里，经过三个月的考察后，里奇与他签署了正式的员工聘用合同。里奇派他参加了总部的职业培训，又把他放在门店各个岗位进行锻炼，快速熟悉和掌握门店的运营情况。经过几年的锻炼，他全面掌握了麦当劳门店的食品生产、顾客服务、产品推广、员工管理等工作，19岁那年，他被破格提升为澳大利亚最年轻的麦当劳店面经理。对于一个贫苦人家的孩子来说，年纪轻轻就当上店面经理已经很不容易了，但是他并不满足于这样的成绩，在接下来的八年时间里，他协助里奇把麦当劳在澳大利亚的连锁店从388家增加到683家，而他也从一个店面经理晋升为麦当劳澳大利亚公司副总裁，29岁时成为麦当劳澳大利亚公司董事会成员。2002年底，他被麦当劳总部提升为首席运营官，负责麦当劳公司在全球118个国家和地区，超过3万家餐厅的经营和管理。这个当初瘦小的男孩就是第一位非美国人的麦当劳掌门人，曾担任麦当劳公司全球总裁兼首席执行官的查理·贝尔。

虽然贝尔的职业生涯是从打扫厕所开始的，这和成功之间好像没有什么联系，但只要承担责任，踏踏实实做好自己的工作，创造超出期望的成果，即使是打扫厕所，也能为自己创造机会。如果你能把打扫厕所这么简单的工作做到最好，那么成功的大门其实就已经向你敞开了！

承担责任就是成长和成就

承担的责任越大，成功的可能性就越大。

一切都是我的责任！

我是责任者。

我要承担100%的责任，我要对每一天、每件事、每项工作负责，我要对我的家人、我的朋友、我的同事、我的客户负责，我要对我生命中发生的所有事情、出现的所有人承担100%的责任！

越是承担责任的人越能掌握自己的命运，越能主宰自己的人生，获得更多的快乐和幸福！

在上海，生意最好的面馆是思南路上的"越乡腊肉面"，我认为这家面馆是全上海生意最好、口碑最佳、排队最长、最早卖完饭菜的面馆。

从来不愁生意的"越乡腊肉面"有什么秘诀吗?

老板说秘诀在汤里和肉里。

汤里有独家秘方吗?

没有。

只是不论阴晴寒暑,老板每天凌晨起床,三点多就熬上高汤,然后到市场等候第一批上市、最新鲜的肉,几十年如一日。

有人问:"生意这么好,为什么不多开几家店?"

老板说:"汤就这么多,汤用完了面就卖完了。"

有人问:"菜单太简单,为什么不再多开发一些? 这样就赚得更多。"

老板说:"能把顾客最喜欢的黄鱼面做好,保证品质始终如一,才能对得起客户。"

"越乡腊肉面"的成功表面上是汤好,背后却是老板的责任心,愿意为一碗顾客喜欢吃的面来承担责任! 这让"越乡腊肉面"建立了口碑,获得了无数的回头客,成为上海生意最好的面馆之一!

还有一个我们行动教育客户的故事。

河南牧原股份有限公司目前是亚洲规模第一的集约化养猪、大型现代化农牧企业,也是我们行动教育的杰出企业代表,其董事长秦英林先生曾经说:"责任感是一个企业基业长青的基因。"

2009 年 6 月,河南省南部地区遭遇自然灾害,连天阴雨,地里没有收割的小麦都发芽了。原来 0.7~0.8 元 / 斤的麦子,降到 0.5 元 / 斤也没人要，眼看一年的收成要化为泡影，一年的心血都要白费，农民们唉声叹气，政府有关部门也是一筹莫展。

在一次政府组织的企业家会议上，牧原股份董事长秦英林听到了这个消息。

秦总把这件事听在耳边，挂在心头，当得到主管生产的副总经理反馈回来的消息：猪可以吃麦芽做的饲料，当即做出了收购麦芽的决定，而且不按0.5元/斤的价格，按0.8元/斤收购。这个决定遭到了公司高层一致反对，但这次秦总表现出少有的独断专行。

一听说河南有家牧原公司收购麦芽，而且还是按小麦的价格，河南临近的湖北省几个县市的农民，也一窝蜂地送来了麦芽。

面对突然增加的上百万元的收购成本与仓储能力不足的压力，秦总也曾问过自己：收还是不收？

但那份责任感已深入骨髓血液，每次对员工、高层培训时，秦总都会谈到"责任是一个企业基业长青的基因"。短暂的犹豫之后，秦总照样是来多少收多少。

而这一事件远远没有结束，之后发生的一些情况，连秦总自己都觉得是"九死一生，快要崩溃了"。

在一次对牧原饲料加工厂厂长的采访中，五十多岁的厂长满含热泪地告知我们："那段时间，猪是长肉了，但我们的秦总却瘦多了！"

上行下效，像这样的关于承担责任的故事，在牧原公司不胜枚举。

正是因为这份承担，牧原公司获得了社会的认可、政府的支持、客户与合作伙伴的认同、员工的追随，从而取得了累累硕果，成就了牧原公司今天的卓越。

承担责任是一种态度。一个人未必什么都会做，但是当他做任何事情都能全力以赴、承担责任的时候，他就有可能凭借这种态度战胜困难，发挥自己的最大潜力，在工作中、生活中建立自己的好口碑，获得更多发展的机会，取得更大的人生成就！

● 三种不负责任的行为

（1）没有责任

这里说的没有责任，主要是指没有责任意识，不明白到底什么是责任。

职场上经常发生这样的情形：当接受一项任务时，中层干部或员工思考工作时不经过大脑，说大话空话，高估自己低估困难——"拍脑袋，就这么干了！"

当领导看到事情没有进展，追问执行情况时，乱承诺——"拍胸脯，没问题。"

规定的期限到了，领导没有看到成果，追问原因时，他们却一脸无奈——"拍屁股，走人！"

老王是某印刷厂的生产负责人，他精通印刷技术，抓生产管理也很在行，所以深得老板信赖。有一次，老王陪同老板到德国考察，在德国印刷厂看到海德堡的设备非常先进，生产效率比他们的机器高出很多。老王一边参观，一边向老板建议："咱们的设备有点老了，经常出现故障，很多项目咱们想去争取，但是生产能力跟不上，我觉得海德堡的机器真好，绝对能帮助咱们提高效率，帮助您提高利润。"这个建议有一定的道理，但是老王没有进行综合考虑和评估，只是脑门一热就说了出来，后续工作怎么做，根本就没想清楚。

老板有些顾虑，他说："这些设备虽然好，但咱们不了解，能不能用还很难说，要不先研究研究？"老王一拍胸脯说："还研究啥呀，我摆弄印刷机器这么多年，所有机器的操作都差不多，再说想到了就要第一时间去落实，这才叫效率，这样才能做成大事。这些年，咱们不都是这样过来的吗？您放心，出了问题我负责。"老板见老王很有信心，也觉得设备升级换代很有必要，就当场决定引进海德堡印刷机。

公司动用了所有的流动资金又加上贷款，终于凑够了买设备的钱，但是机器刚一进厂，问题就接踵而来。原来的厂房比较狭窄，新设备安放后工人没有操作空间，这样就只能新建厂房，又是一笔很大的投入。接着操作工的问题又暴露了，很多工人不会使用这些自动化设备，德文说明书也看不懂，新设备频频出现故障。厂里只能一方面请德方派专家来维修和指导生产，另一方面派员工去厂家学习，一来二去，又是一笔巨大的费用支出。尽管这样，问题还是接二连三地发生，油墨的问题、用纸的问题、养护的问题，老王已是应接不暇、狼狈不堪。新设备进厂以后，由于经常停机维护，产能不增反减，再加上引进设备的总体成本过高，印刷厂资金周转出现困难，经营陷入困境，老王只得引咎辞职，拍屁股黯然走人。

这个老王是典型的三拍干部，盲目规划，夸海口、说大话、瞎承诺，没有成果意识，没有责任感。

（2）不负责任

还有一种行为，明明知道某项工作是自己的职责所在，但是为了个人利益，不想担责，或者掉以轻心，敷衍了事，或者麻痹大意，玩忽职守，我们称之不负责任。

在20世纪初，当时的火车还没有现在这么先进，没有自动化控制系统，在后车厢还要配备专门人员，负责制动控制和后车观察联络。杰克就是一位后车厢的刹车员，他聪明机灵，待人友善，同事们都比较喜欢他，但是他有一个毛病，就是对待工作不够认真负责，总觉得差不多就行。

一天晚上，一场暴风雪不期而至，火车只能中途停车了。杰克开始抱怨起天气，因为火车晚点了，他就不得不在寒冷的冬夜里加班，就在他考虑用什么办法才能逃避加班时，整个列车的乘务人员都开始忙碌起来。暴风雪导致很多慢车都晚点了，但是快车却需要正常运行，这给列车调度带来很大的麻烦，就在杰克所在列车的后面，一辆快车因为临时变道，正疾驰而来。

这是一个危险的消息，因为能见度降低，快车很有可能不会提前看到他们。列车长赶紧跑过来命令杰克拿着红灯到后车厢去，提醒后面的快车提前刹车，杰克心想后车厢还有一名工程师和助理刹车员守着，便笑着对列车长说："不用那么着急吧，咱们后车厢有人，我先穿好衣服，外面可是太冷了。"列车长一脸严肃地说："一分钟也不能耽误，快车马上就要来了，你是后车厢刹车员，那是你的职责。"

杰克笑着答应了，但是他觉得列车长小题大作了，所以等列车长离开以后，他没有立即出发，而是慢悠悠的找衣服、穿衣服，然后还喝了几口酒，驱了驱寒气，这才吹着口哨，拎着红灯向后车厢走去。他走到离后车厢还有十几米的地方，开始呼唤工程师和助理刹车员的名字，喊了几遍都没人应答，他有点慌了，意识到问题的严重性了。他赶紧加快速度向前跑去，但是一切都晚了，他已经隐约看到了快车的车灯。他赶紧把红灯举起来，大声地呼喊，快车也赶紧发出了紧急刹车的尖叫声，但还是有些晚了，在车轮与铁轨可怕的摩擦声中，快车的车头已经冲了过来，两列火车都被巨大的冲击力撞出了轨道。

杰克的耳畔回响着受伤乘客的叫喊声、呼救声与蒸汽泄漏的嗞嗞声，他呆坐在雪地里，他知道自己已然铸成大错。第二天，事故救援的人员赶到了，人们在铁路旁一个废旧仓库里发现了杰克，他蜷缩在墙角，目光呆滞，自言自语，一直在凭空臆想中叫喊着："啊，停车，停车……"

他被送回了家，随后又被送进了精神病院。

责任是不分大小的，铁路职工一丁点儿的不负责，就可以造成车毁人亡的惨剧，而任何人在工作中的一丁点儿不负责任，都有可能导致整个企业蒙受巨大损失。我有一个客户企业的业务员，在书写一份羊皮订购合同时不负责任，把本该是"每张大于 4 平方尺，有疤痕的不要"写成了"每张小于 4 平方尺，有疤痕的不要"。结果供货商钻了空子，发来的羊皮都是小于 4 平方尺的，使客户企业哑巴吃黄连，有苦说不出，直接损失 100 万元，该业务员也被辞退。

2014 年 8 月 21 日早上七点左右，佛山市顺德区北滘镇深业城的道路上沾染了血色，48 岁的广东电白人李联高驾驶着一辆 351 路公交车突然冲向行人及车辆，一名 17 岁少年无辜被撞殒命，另有 10 人轻伤、18 人轻微伤、17 台车辆受损。

　　事发前，李联高擅自将停在顺德鸿运公交公司（下称公交公司）停车场的一辆待检修的公交车开走，他割断 GPS 的电源线，沿着 105 国道往顺德北滘镇深业城方向狂奔。

　　原来，2013 年 7 月，公交公司以李联高工作时开车超速为由，要求其写检讨并罚款 200 元。从当年 8 月开始，公交公司不再安排李联高上班，他向公司申诉不成，遂扬言若不给其一个合理结果就制造事端，但公司还是按照之前的决定对其处罚，也一直未安排其上班。李联高没有认识到自己的错误，没有看到自己在责任心上的差距，而是决定开车撞人，并刻意选择了上班、上学高峰期这个时间点以及人流较多的路线。为泄私愤开公交车撞行人，佛山市中级人民法院经审理认定，造成这起恶性事件的原因是李联高对公交公司的处罚不满，开车在三十多分钟内疯狂撞向 29 名路人的公交司机李联高，因犯以危险方法危害公共安全罪被判死刑，剥夺政治权利终身。因此，我们说不负责任害人害己。

（3）推卸责任、逃避责任
出了问题与我无关，一切都是下属无能，都是别人的错。

　　老李是某建筑公司的项目主管。

　　有一次，老李带领整个团队参加一个重要项目的投标，如果能中标，将为公司带来 200 万元的收益。投标时需要将公司的基本资料和设计方案邮寄给客户，老李吩咐助理茉莉去做这件事。

　　茉莉知道事关重大，再三向老李确认了客户的地址和姓名后，立刻办理了邮寄。整个公司都怀着紧张的心情，等待着客户的答复。

可是，资料寄出后就如石沉大海，再也没有了回应。公司与客户联系后得知，客户竟然没有收到任何资料。

总裁知道之后非常生气，找来老李，让他查清楚到底怎么回事。

老李随即找来茉莉询问，茉莉肯定地说资料已经按照老李给的地址寄出去，并拿出回执单来证明。老李对照了回执单和自己收到的地址后，马上意识到是自己把地址搞错了。老李心里想如果承认是自己的过失，就会让领导和同事对自己的印象大打折扣，搞不好还要赔偿经济损失，于是就把责任都推到了茉莉的身上，向总裁报告是茉莉把地址写错了。

总裁找到了茉莉，向她核实真相。茉莉感到万分委屈，对总裁说："老总，我真的是按照李经理给的地址邮寄的，我还留着他写的地址原件呢，你们可以去查。"经过调查，确定了错在老李。

公司董事会经过讨论，认为老李作为领导，不仅工作失职，更不敢承担责任，将错推给下属，这不仅仅是能力问题，更是人品问题。公司不能让这样的人来担任领导，于是做出了辞退老李的决定。

不负责任的行为会断送个人前程，一辈子是受害者、失败者，同时也会让企业蒙受损失。

如故事中印刷厂的老王，因为没有成本意识，导致企业陷入困境，最后引咎辞职；建筑公司的老李，因推卸逃避责任，最终被公司辞退。他们都有一个共同点，就是只要遇到问题和失误，就通过不断抱怨、找借口、掩盖逃避等方式，让自己不承担责任，伪装成为受害者，以为这样就可以不用付出任何代价。但事实上，当他把成功或失败、喜悦或悲伤、幸福或不幸，全部都建立在别人的身上时，一遇到问题，就怨声载道，把责任推给别人，希望别人承担，如此循环反复时，他一辈子就注定是失败者，最终他付出的代价是一生的幸福、快乐和成功，而这个代价更为惨重！

几乎每一个优秀企业都非常强调责任的力量。在华为公司，其企业文化的核心价值观念之一就是：认真负责和管理有效的员工是我们公司最大的财富。在IBM，每个人坚守和履行的价值观念之一就是：在人际交往中永远保持诚信的品德，永远具有强烈的责任意识。在微软，责任意识贯穿于员工们的全部行动。责任不仅是一种品德，更是一种能力，而且是其他所有能力的核心，缺乏责任意识，其他的能力就失去了用武之地。

● 外向思维让我们失败

很多人遇到问题找借口，不能坚守承诺、保证结果，表面上看是他们缺乏责任心，深层次原因则在于他们的外向思维，遇到问题觉得都是别人的错，并把一切导致问题的责任推给外界！

外向思维可以让他们不承担责任，一旦遇到问题，遭遇失败可以找一万个借口放弃承诺、掩饰自己。当他们找到了理由和借口，就可以不保证成果，不履行承诺。

比如：

小时候学习不好，妈妈说是老师不好，是老师的错，孩子没有错。

小时候摔跤，妈妈打桌子，是桌子不好，是桌子的错，孩子没有问题。

今天上班迟到，是因为天气问题、交通拥堵的问题。

企业经营不好，是因为国家政策有问题，上司决策有问题，下属能力有问题，市场变化的问题，客户不合作的问题。

我今天的生活不快乐，因为孩子不听话、老公不负责任，都是别人的问题、外部的问题，一切与我无关！

曾有一个寓言故事，三只老鼠一同去偷油喝，它们找到了一个油瓶。三只老鼠商量，一只踩着一只的肩膀，轮流上去喝油。于是三只老鼠开始叠罗汉，当最后一只老鼠刚刚爬到另外两只的身上时，不知什么原因，油瓶突然倒了，惊动了人，三只老鼠逃跑了。回到老鼠窝，它们开会讨论为什么会失败。最上面的老鼠说："我没有喝到油，而且推倒了油瓶，是因为下面第二只老鼠抖动了一下，所以我推倒了油瓶。"第二只老鼠说："我是抖动了一下，但我是感觉到第三只老鼠抽搐了一下，我才抖动了。"第三只老鼠说："对，因为我好像听见门外有猫的叫声，所以抖了一下。""哦，原来如此呀！"

企业里很多人也具有"老鼠"的心态，比如在一次企业的季度会议上，营销部门的经理 A 说："最近销售做得不好，我们有一定责任，但是最主要的责任不在我们，竞争对手纷纷推出新产品，比我们的产品好，所以我们很不好做，研发部门要认真总结。"研发部门 B 经理说："我们最近推出的新产品很少，因为我们也有困难呀，我们的预算很少，而且这少得可怜的预算，还被财务削减了！"财务经理 C 说："是，我是削减了你的预算，但是你要知道，公司的成本在上升，我们当然没有多少钱。"这时，采购经理 D 跳起来说："我们的采购成本上升了 10%，你们知道为什么吗？俄罗斯的一个生产原料的矿山爆炸了，导致不锈钢价格上升。"A、B、C 异口同声："哦，原来如此呀，这么说来，我们大家都没有多少责任了。"人力资源经理 F 说："这样说来，我只好去考核俄罗斯的矿山了！"

把一切问题归结于外界，最后失败的只能是我们自己！

● 打造责任力

第一，唤醒责任

（1）坚持内向思维，不找借口

我们知道，外因只是影响，内因才是根本，世界上的一切改变都源于内在的改变！

内因决定外因！

当遇到障碍、挫折和失败时，我们要自我反省，认真改进，承担责任，绝不找借口！

我们改变不了外在，我们只能改变自己。

我们改变不了风向，但我们可以调整风帆！

我们改变不了事情，但我们可以调整心情！

李践老师在创办行动教育公司之前，曾创立过一家传媒公司叫风驰传媒，后来这家公司被李嘉诚的 TOM 传媒集团收购。李老师在刚刚成立风驰传媒不久时，在报纸上看见一篇报道，说有个孩子不小心脚撞到广告牌上，孩子的父母就向广告公司提出赔偿，但广告公司的负责人却说，我们的广告牌竖在这里三年的时间了，而且是按照国家批准的条件设置的，后期管理维护也没有问题，你的小孩是因为自己不小心撞上去，怎么让我们赔偿呢？因为这件事没有解决好，孩子的父母还投诉到了报社。当时李老师看到这篇文章，写的公司是谁呢？原来就是风驰传媒公司。李老师当时非常吃惊地说："我怎么不知道这件事情呢？这一定是我们的责任，怎么会是别人的责任呢？"于是李老师马上派人调查此事，谁接的电话，谁回答的问题，后来都找到了。客户打电话投诉广告牌伤人，接电话的人就把这当成工程部的事，直接转到工程部经理，这才有了工程部经理的那番回答。

　　李老师立即把经理找来，告诉他："只要和我们有关，就是我们的责任，就永远都要负责到底，没有任何借口。"接下来，李老师马上找到这一家人，以公司的名义向他们道歉："我们没有履行好责任，因为我们的广告牌没有做好安全防护，不够人性化，下一步我们一定会解决这个问题。"同时，赔偿了孩子的医疗费用。从那以后，李老师把风驰传媒公司的投诉电话，变成他自己的手机号码，只要客户有问题，就可以随时找到他。企业的第一负责人亲自负责，在行动教育依然如此。

　　对于这件事，李老师说："如果我们不承担责任，继续坚持说自己没问题，是小孩子不小心导致的，那会给客户留下什么印象？风驰是一家喜欢找借口、不承担责任的公司，长此以往，团队形成抱怨、推卸的氛围，客户则随之流失，甚至最终企业将破产倒闭。如果承担了相应的责任，等于对外树立了风驰良好的口碑和正面的企业形象，让外界知道风驰是一家敢于承担责任的公司！"

　　所以，当我们一切向内看，认识到自己是问题的根源，不找任何借口，那么一切问题就不再是问题，成功则近在咫尺！

　　大家知道，拥有两百多年历史的美国西点军校，被称为美国陆军军官的摇篮，不但培养了3700多名将军，两位总统（格兰特和艾森豪威尔），还为世界500强企业培养了1000多名董事长和CEO，2000多位副董事长，总经理、董事一级人员有5000多名，比世界任何一所名牌的商学院都多。为什么他们能培养出那么多杰出的人才？就是因为秉承的一个核心行为准则——没有任何借口。在西点军校有这样一种广为流传的悠久传统，就是遇到军官问话，学员只有四种回答："报告长官，是！""报告长官，不是！""报告长官，不知道！""报告长官，没有任何借口！"除此之外，不能多说一个字。"没有任何借口"强化的是每个人都要想尽办法去完成任何一项任务，而不是为没有完成任务去寻找借口，哪怕是看似合理的借口。因此，优秀的人往往具有内向思维，不会给自己任何推脱失败的借口。

借口就是掩盖，借口就是推卸，借口就是逃避！

因为工作中是没有任何借口的！

失败是没有任何借口的！

人生更没有任何借口！

（2）多一盎司定律

在一件事情上，要严格要求自己，全力以赴，做到极致！

著名投资专家约翰·坦普尔顿通过大量的观察研究，得出了一条很重要的原理——多一盎司定律。他指出，取得突出成就的人与取得中等成就的人几乎做了同样多的工作，他们所付出的努力差别很小——只是多一盎司（盎司是英美制重量单位，1盎司等于1/16磅），但其成果却有天壤之别。在工作中，多做一点儿、多辛苦一点儿、更认真一点儿、多付出一点儿，始终付出不亚于任何人的努力，就会创造超越期望的成果！

给大家分享一个我自己的故事。

1999年，我开始学习心理学和组织行为学，经过近20年的商业实战经验总结出一套"团队正能量"课程，逐步推向市场，当时我承诺要讲10000场，帮助更多企业打造高效能团队，到现在已经讲了691场，而且每一场都比前一场好，每场都在进步。曾经有学员问我："你讲过那么多场的'团队正能量'，每次还那么认真地备课，难道有什么会忘记吗？"我说："当然不会忘记，连梦里都是这些话语，但是我必须备课，要让企业家们都能听得更清楚、更明白！"还有学员问我："为什么你已经获得了很大的收获，却还是那么拼命地讲每一堂课？其实每次下午5:30下课就可以了，但是你每一期都加长课程时间到6:30，晚上还要加课三个小时，三天课程下来，要在台上讲四十多个小时，直到声音沙哑，这是为什么？"我坚定地说："这就是我的责任，我要把'团队正能量'这堂课全力以赴做到极致，一米宽一千米深，我每次课程结束后都要改进，能一句话讲完的绝不讲两句，我们要帮助更多的企业家，使其企业团队思想统一、目标一致、执行高效，帮助团队成员创造最大利益，为企业提高利润，这就是我的承诺！"

至今，"团队正能量"课程已经走过了近19年的历程，有近30万名学员亲历现场，通过运用这套系统工具，98%以上的企业团队凝聚力与执行力得到提高，利润得到直接提升！

真正优秀的人总比常人多走一步路，可以说只是多承担了一盎司的责任，然而这一盎司的责任感，却往往胜过一磅的智慧。

（3）奥芝法则

童话《绿野仙踪》讲述了这样一个故事：桃乐丝、狮子、机器人、稻草人前往翡翠城寻找奥芝大法师，希望从他那里获得解决难题和达成愿望所需要的勇气、决心和智慧。奥芝大法师只告诉他们一个简单的法则："达成所追求目标的力量，其实就在自己身上。"每个人本身都有力量来解决难题，法师是帮不了什么忙的，这就是能为自己开启新生命的奥芝法则。

正视现实，解决问题，争取完成任务和达到目的，这都需要勇气、方法、决心、智慧和诀窍，而这些都藏在我们身上，这就需要我们不断努力，来挖掘潜藏在自己身上的能力。

那么，用什么样的方法能挖掘潜藏在我们身上的能力呢？那就是要树立工作责任感。

一个人要想让自己的事业更上一层楼，让自己的生活境况得到改善，他在工作和生活中就要对自己的行为切实地负责。在工作的过程中，不仅仅做那些别人告诉自己要去做的事情，还要主动做那些应该做的事情。有些事情，如果企业需要的话，如果顾客需要的话，都应该发挥自己的主观能动性，努力去做。

一旦树立了这样的想法，以前认为无趣的工作就开始变得有意思起来，越是认真负责地专注于自己的工作，从中学到的东西和获得的成就感也就越多。但是，责任感一般是不容易培养的，原因就在于它是从许多小事中锻炼出来的，所以我们要从最基本的小事做起。在工作中，无论多么小的事，要是你能做得比任何人都好，就说明你已经将责任感深植于自己的内心。

责任感会让我们在工作和生活之中表现得优秀而卓越，责任感能激发人的潜能，也能唤醒人的良知。人有了责任感，也就有了尊严和使命。

美国标准石油公司曾经有一位小职员叫阿基勃特，他在出差住旅馆的时候，总是在自己签名的下方写上"每桶4美元的标准石油"，在书信及收据上也不例外，只要他签了名，就一定写上那几个字。因此他被同事叫作"每桶4美元"，而他的真名倒没有人叫了。

公司董事长洛克菲勒知道这件事后说："竟有职员如此努力宣扬公司的声誉，我要见见他。"

后来，洛克菲勒卸任，阿基勃特成了第二任董事长。

也许，在你看来，在签名的时候写上"每桶4美元的标准石油"，这实在不是什么大事。严格说来，这件不大的事也不在阿基勃特的工作范围之内，但阿基勃特做了，他把"责任"这个词的内涵演绎到了极致。那些嘲笑他的人中，肯定有不少人才华、能力在他之上，可是最后只有他成了美国标准石油公司的董事长。

每一个人在工作之中都应该主动负责地做事，这样才能够不断挖掘出自身潜力，逐步实现自己内心想要达到的目标。

成功的力量就潜藏在我们自己的身体内，寻求法师的帮助是徒劳无益的。奥芝法则告诉我们一个真实的道理，在充满挫折的人生道路上，要勇于负责，面对现实，凝聚力量，这样我们的未来才会更加灿烂光明。

第二，明确责任

（1）认知角色责任

我们每一个人都在生活中扮演不同的角色，无论一个人担任何种职务，做什么样的工作，他都对集体或他人负有责任，这是社会法则，这是道德法则，这也是心灵法则。

在工作中，我们是上级、是下属、是伙伴，在生活中，我们为人父母、为人子女、为人朋友。每一种角色又都承担着不同的责任，从某种程度上说，对角色扮演的最大成功就是履行好职责，完成好任务。正是责任让我们在困难时能够坚持，让我们在成功时保持冷静，让我们在绝望时懂得不放弃，因为我们的努力和坚持不仅仅是为了自己，也是为了别人。

社会学家戴维斯说："放弃了自己对社会的责任，就意味着放弃了自身在这个社会中更好生存的机会。"放弃承担责任，或者蔑视自身的责任，这就等于在可以自由通行的路上自设路障，摔跤绊倒的也只能是自己。

我们的家庭需要责任，因为责任让家庭充满爱；我们的社会需要责任，因为责任能够让社会平安、稳定地发展；我们的企业需要责任，因为责任让企业更有凝聚力、战斗力和竞争力。

（2）明确责任标准

在一架即将起飞的飞机上，一位乘客带着一个孩子登机，因为舱内空调温度低，孩子感觉很冷。乘客第一次按铃，来了一位空乘小姐 A。

"我的孩子需要一条毯子。"乘客说。

A 说："本次航班只配了 10 条毯子，已经全部发完了。"说完就离开了。

乘客再次按铃，空乘小姐 B 走了过来。

"我的孩子需要一条毯子！"乘客再次说。

B 说："对不起，很抱歉！本次航班配发的毛毯全部用完了，针对您的建议，我会向领导反映，给航班多配发毯子。请您原谅！"B 也离开了。

乘客不得不又按铃，空乘小姐 C 过来了。

"我的孩子需要一条毯子！"乘客说。

C 说："请您稍等，我马上去给您找！"

C 通过仔细地沟通、寻找，最终在空着的头等舱内，找到一条闲置的毯子送到客户的手上。

我们来看一下，第一位 A 小姐，只是对流程负责，只有一个告知的动作，最多只能是 50 分——不及格！

第二位 B 小姐，已能做到安抚客户情绪，反馈客户的意见，也只是对职责负责，也许能评 70 分——没有做到最好！

第三位 C 小姐，最终解决了客户的问题，对成果负责，这才是百分百负责的人。

由此，我们可以明确一点，承担责任不仅仅要有责任意识，还要明确责任达成的标准，不仅要为流程、职责负责，更要真正为成果负责。

第三，践行责任

（1）坚守承诺，保证成果

坚守承诺，指的是对自己的承诺负责任，有"一定要"的决心和意愿去克服自己的惰性，去履行承诺、做出成果，无论这个承诺是对别人的，还是对自己的，是书面的、口头的，还是内心的。

英特尔前总裁安迪格鲁夫曾说过："只有偏执狂才能成功，就是对目标承诺的偏执。"日本经营之神稻盛和夫说："付出不亚于任何人的努力。"就是在坚守承诺的过程中，我们要尽心尽力、全力以赴、千方百计、想方设法、保证成果！可在企业经营中，我们经常听到的话却是"我尽力了"，"对不起，我真的尽力了，但是实在解决不了"。扪心自问，我们真的尽力了吗？真的用了 100%，甚至 120% 的努力去解决问题、达成结果了吗？答案却是否定的！

如何才能做到坚守承诺、保证成果？

第一步，明确成果

　　清晰的预期成果和目标产生清晰的行为。做任何事情之前，要定义好我们的成果，要先问自己：我要什么样的成果？养成"以终为始"的习惯。

　　成果要能够具体量化，比如利润率达到10%、新开发50个准客户、团队增员20人。

　　实在不能量化的目标成效，也要明确或者体现成果，比如工程通过验收，完成招聘广告的文案定稿工作等。

　　如何来明确成果呢？这需要我们明确成果落地的六要素。

　　A. 成果事项

　　B. 行动措施

　　C. 责任人

　　D. 完成期限

　　E. 检查人

　　F. 赏罚承诺（做到的奖励，做不到的要承担责任）

　　同时，将涵盖成果落地六要素的承诺内容，白纸黑字地写下来，签上自己的名字，形成书面承诺书，交给监督执行的上司或搭档。

我的行动成果承诺书						
序号	成果事项	行动措施	责任人	完成期限	检查人	赏罚承诺

　　以下是一份书面承诺的参考模板。

　　【零借口承诺书】

　　我是责任者，

凡事在行动前，

如果没有把握，

我可以不承诺，

但是如果我承诺了，

就全力以赴去执行，

成功了，我自豪，

在享受奖金与荣誉的同时，

也证明了我可以胜任这份工作。

如果失败或违规了，

我绝不找任何借口，

找借口是可耻的，

无能的人才找借口，

我愿意承担所有因为失败而产生的后果，甚至责罚。

以上是我的决定，也是我的承诺！

从我做起，从现在开始！

承诺人：×××

承诺书

我是行动教育上海公司的张明，我承诺在 2017 年 11 月 9 日—11 日第 282 期（上海）赢利模式课程中，一定要帮助 15 位企业高管走进课堂。目标完成后将奖励自己一部新手机，如果少一人就赞助 500 元给公司作活动经费，以此类推，检查人为汤总。

承诺人：张明

2017 年 10 月 9 日

第二步，公开承诺

将自己所承担的责任口头公开给公众，并向公众承诺自己能够做到！绝不找借口，而且明确保证成果，请公众监督。

例如，我以前在讲课时，常常有一个不好的动作就是用手扶讲台，作为自己讲课的一个姿势。刚开始我没有注意到，后来经人提醒，我才发现这样做确实很不好，既影响学生的听课情绪，也影响自己作为老师的形象，于是下决心一定把这个毛病改过来。可这是自己多年形成的习惯，稍不留意，就又会习惯性地扶讲台。于是我向自己的学生承诺：以后再也不做这个动作，并且请所有的学生来监督自己！如果发现一次，就罚100元。在交过十几次罚款后，我终于纠正了这个坏习惯。

在做公开承诺时，可以与公司对赌，形成执行压力，促进行动和最终成果的达成。例如在公司内部组织进行"团队建设模式"课题培训中，每个总经理都写了一条改进行动，并与公司形成了500元的对赌协议：如果总经理在承诺的期限内未达成结果，就要向公司上交500元的成长赞助；如果达成了，公司就奖励这位总经理500元。

通过以上措施，可以促使每个人都坚守承诺，不找借口！

（2）遇到问题，想方设法

在我们履行承诺的过程中，会遇到一些没有预料到的问题和困难，这时你要记住一句话：你若不想做，会找到十个借口；你若想做，会找到一个方法！所以只要坚定信念，方法一定比困难多，要以终为始，寻找解决问题的方法，全力以赴，才能做到保证成果，达成目标！

给大家分享一个故事。

在欧普眼镜公司，经理张迪正在对她的店面团队宣导责任感文化之一——成效目标行为，强调"不应该让顾客空手而归"。

以前，张迪发现每当顾客说"我先看看""这个太贵了""我的验光单子忘在家里"或者"我还没有进行眼科检查"时，销售助理并没有行动起来，而是放任顾客离开。

为了取得成效，创造一种全新的责任感和参与意识，张迪专注于重新调整员工的行为。

当一个潜在顾客说"哦，我先看看"时，销售助理尝试坚持向他展示产品和优惠活动信息。

当顾客说"这太贵了"时，销售助理就向顾客询问哪里的便宜，商品和服务质量是否相同。

此后，张迪和她的助理们不断地思考一个问题：还可以再做些什么，才能培育"正视现实、承担责任、解决问题、着手完成"的责任感文化，在他们的思考和改进中第四季度的销售计划超额完成了。

第四，企业责任环境打造

（1）营造责任氛围

·言教

对于企业来说，内向教育需要全员化、常态化、反复化，特别是要通过集中培训的方式，让员工知道什么是责任，让员工明确坚守承诺、保证成果是优秀的职业品质，让员工在任何时候遇到任何问题都不找借口！

具体方法是：

A.新员工入职必须进行责任心教育，由人力资源总监负责；

B.全员参加的责任感培训每月组织一次，由总经理负责。

以此不断深化员工的责任意识。

·境教

包括环境 VI（视觉识别系统）及禁语公约，为企业营造不找借口、坚守承诺、保证成果的责任文化环境，时时刻刻提醒员工要做个负责任的人。

A. 环境 VI 设置

将一些积极的、正向的标语贴在公司文化墙上，让自己、让团队成员触目可及，同时在晨会环节上，要作为公司价值观大声宣诵。时间长了，让这种意识深入内心，形成条件反射，直到转化为本能。

例如：

不找借口！

坚守承诺！

保证成果！

我是责任者！

我承担百分之百的责任！

我是一切问题的根源！

如果有问题，那就是我的问题！

承担是我的能力！

承担是我的格局！

承担是我的成就！

B. 禁语公约

思考一下，在日常工作中，有哪些话是推卸责任的？有哪些话是用来找借口的？

例如：

这不在我的职责范围内。

这不关我的事。

这事跟我没关系。

我不是故意的。

我没有达成目标，那是因为……

假如……如果……还有……

请大家都开动脑筋，将推卸责任、找借口的话列出来，变成"责任禁语"，然后把这些话做成卡片，放在醒目的位置，并与团队成员约定：共同抵制这些话，如果说一次就要有相应的处罚！

• 身教

企业领导者和管理层要以身作则，这包含两个方面。

A. 企业领导者说到做到

古人云：君子一言，驷马难追。话说出口，一定要算数，不能反悔，所以企业领导者要坚守承诺，说到做到，保证成果，这样才能为团队所拥戴！

B. 企业领导者带头担当

多数企业领导者在遇到问题，出现失败时，不是第一时间承担责任，而是责怪下属，"都是你的责任""都是你们的责任""是你没做好""是你们没做好"，把"你、你们"挂在嘴边，而不是"我、我们"。面对问题，领导者要回归自我，发挥内向思维，不找借口，要说"我"该承担什么责任，"我们"该如何去解决问题！

艾森豪威尔是美国第 34 任总统，美军五星上将，他创造了无数的传奇！他为什么能取得这些成绩呢？就是因为敢于担当。第二次世界大战期间，盟军选择在诺曼底登陆，登陆的前一天，他拿出纸笔，写下了一段话：如果我们的诺曼底计划失败，所有的将士都勇敢尽职，若要责怪，就只责怪我一人。

（2）建立责任机制

• 处罚制度

在企业中任何时候不准找借口，谁找借口就要有相应处罚。

以此来保证员工不找借口。

• 问责机制

在企业中，出现问题、没有成果，我们要勇于承担责任和接受处罚，所以企业要实行问责制，查明是谁出的问题，保证谁的责任由谁来承担，从而兑现承诺，赏罚分明。

在问责时，要追究具体问题的具体过错，不能将功补过、混为一谈。此时，责任者就是承担者，就是接受者，他会在失败中成长。

这里需要注意一点，有些事项需要免责，比如创新、试验性的工作，细化免责条款，鼓励员工多承担、多尝试，不要害怕失败！

• 责任连带

团队是一个整体，不仅要考虑自己，更要考虑到整个团队的利益。

人们往往不愿意连累别人，特别是作为一个团队中的个体，更不愿意看到因为自己的过错而连累同事受罚，或因为自己的失误而让集体蒙受损失。因此，实行责任连带有利于督促团队成员更好更全面地履行自己的职责。

2004 年 2 月 7 日，马云让阿里巴巴 2003 年度销售冠军贺学友和他的两位经理跳进了西湖，这并不是马云爱整人，而是一个关于责任连带的经典案例。

在阿里巴巴的员工狂欢节上，贺学友与马云打赌，如果贺学友2003 年销售额达到 365 万元，续单率达到 78%，他就可以要求马云在世界上任何城市请吃饭；如果做不到，贺学友将带着他的两位经理沿着西湖跑一圈然后跳下去，贺学友及两位经理当场就答应了。

2003 年工作开始后，贺学友每天提醒自己，必须要完成多少销售额。

遇到挫折、沮丧时，他就听磁带、上培训班，或者和别人交流、看书。2003 年，他看了六十多本关于市场营销的书。

2003 年的 8 月，贺学友的销售额就突破了 365 万元。

2003 年底，贺学友最终完成销售额 630 万元，这个业绩比马云提出的 365 万元还高出 265 万元，遗憾的是续单率差了两个百分点。

马云说："他最后差两个百分点，功不可抵过，饭一定请，西湖也要跳。"

于是就出现了开头的那一幕，在阿里巴巴四十多名同事的见证下，贺学友和他的两个经理跳下了西湖。有了这次的教训，从此这支团队上下同心连创佳绩。

由此案例我们看到，共同承担责任，可以带给团队成员力量与震撼。

● 把信送给加西亚

一百多年前的一个傍晚，出版家阿尔伯特·哈伯德把一篇文章印成了小手册——《把信送给加西亚》，随后这本书以不同的方式在全世界广为流传，至今仍然畅销不衰，多次再版，全球销量超过八亿册。《把信送给加西亚》是宝洁、丰田、中石油等众多世界 500 强企业，甚至政府机关、军队、学校首选教育读物，书中主人公罗文早已经成为不找借口、坚守承诺、保证成果、承担责任的象征。

故事发生在 19 世纪美西战争时期，美国当时急需与古巴的反抗军首领加西亚取得联系，但加西亚在古巴山区丛林里，没有人知道确切的地点，无法带信给他。派谁去送信呢？有人向总统推荐了一名叫罗文的陆军中尉。他们把罗文找来，交给他一封写给加西亚的信。罗文毫不犹豫地拿起信，把它装进一个油布制作的袋里，密封好以后放在胸口前。罗文划着一艘小船，四天之后的一个夜里在古巴上岸，消逝于丛林中。三个星期后，罗文从古巴岛的另一端出现，他徒步穿过一个危机四伏的国家，并把那封信交给了加西亚——这些细节都不是重点，重点是麦金利总统把信交给罗文时，罗文并没有问："他在什么地方？我该怎么去？遇到危险了怎么办？"没有任何语言，只是坚守着一个信念：我就是责任者，要想尽一切办法去完成任务。这就是罗文精神，时代虽然在发展，罗文身上所体现的精神却永不过时，因为它代表了维系人类社会发展的价值观，那就是责任感！

爱之心

● 爱是一切成功的核心

爱能使人从幼稚走向成熟，从渺小走向伟大，得其精髓者，人生则远离失败，拥有成功。

一天，一个孩子跑到山上，无意间对着山谷喊了一声"喂——"声音刚落，从山谷里传来一声声"喂——"的回声，孩子又好奇地喊了一声："你是谁？"

大山也问他："你是谁？"

孩子喊："你为什么不告诉我？"

大山也说："你为什么不告诉我？"

孩子忍不住生气了，喊道："我恨你！"

这时从四面八方传来的都是"我恨你"。

孩子哭着跑回家，把这件事告诉了爷爷。

爷爷对他说："孩子，你回去对大山喊我爱你，试试看会有什么结果？”

　　孩子又跑到山上，对着山谷大喊：“我爱你——”

　　这时，整个世界传来的声音都是“我——爱——你，我——爱——你……”

　　孩子笑了，群山也笑了。

　　爱别人，也会被别人所爱，这话一点不假。如果你把烦恼和不幸推给别人，你得到的就是烦恼和不幸；如果你把爱和快乐送给别人，于是爱和快乐就会来到你的身边。

　　有一个无儿无女的老妇人经常拿着一束玫瑰花，站在车站出口处，给无人接站的旅客送上一朵鲜花，花枝上附有祝福的纸条和自己的地址，她便经常收到从各地寄来的写满感谢和祝福的信件。

　　她送出的一朵朵鲜花，曾使一位赔光了本钱的生意人从绝望中走出来；也曾使失恋的人从痛苦中走出来，发现生活的美好；也曾使迷惘的年轻人找到心中的目标和脚下的路……这种小小的爱心也使这位孤独老人的生活丰富愉快起来，让她的人生有了光彩。

　　爱的表现就是无保留地奉献，而其本质却是无偿地给予。有时你的爱心也许得不到回报，甚至可能受到误解和非议。不过，这是暂时的，爱心付出多了，总会让自己有所收获。就像那个孩子对着山谷里喊“我爱你”，这个回声有时需要很长一段时间才能听到，有时受风的影响，某一方向的回声你可能听不见，但这都不重要，只要你喊了，总会有回声的，而且你喊得多了，就会被“我爱你”的回声所包围。

　　爱的过程往往是成功诞生的过程，即使在平凡的生活中，爱也以其不凡的能量孕育着成功的种子，一旦时机成熟，就会给人们带来一片惊喜。

在巴西小城桑托斯，有一个男孩非常喜欢踢足球，但是他买不起球，更请不起教练。于是他就自己在操场上、空地上踢汽水瓶，踢塑料盒。男孩认真的训练引起了一位足球教练的注意，就送给他一个足球，小男孩得到足球后，踢得更卖劲了，不久他就能把球准确地踢进远处的水桶里。

圣诞节到了，男孩拿着一把铲子，来到教练家门前的花圃里开始挖坑。就在他快要挖好的时候，教练从家里走了出来，问小男孩在干什么。小男孩抬起头，脸上挂满了汗珠，他认真地说："教练，圣诞节到了，我没有钱给您买礼物，但是我有力气，我可以给您的圣诞树挖一个树坑。"

教练把小男孩从树坑里拉上来说："我今天得到了世界上最好的圣诞礼物，你是一个懂得感恩、积极上进的孩子，明天你就来参加我的训练班吧，我相信你会成为一名伟大的足球运动员。"从此，这个男孩与足球结下了不解之缘，并在第六届足球世界杯上大显神威，为巴西第一次捧回了大力神金杯，他就是世人皆知的贝利。

人有了爱心，就有了成功的机会和成功的动力。这位教练如果没有爱心，他就很难发现贝利这颗埋在泥土里的明珠，贝利如果没有爱，也许他将永远与足球无缘。人人都需要爱，人人又都可以奉献爱，如果我们每个人都拥有一颗爱心，那么每个人都可以给这个世界带来一份温暖、一份成功、一份惊喜。

爱有一种神奇的力量，这种力量只有那些拥有爱的人才能发现，才能感受，才能交流。一个人如果能把爱当作一种力量运用在自己的人生中，那么无论遇上什么样的困难、什么样的挫折，就都能战胜，对于自己想要完成的事，几乎可以说是无所不能。日本有个叫清水龟之助的邮递员，他每天的工作就是将各种邮件分送到每个家庭，这工作既辛苦，又平淡。就是这个在平凡岗位上的邮递员，却获得了日本"终生成就奖"，因为他从事邮递工作25年，从未缺勤过一天，他的工作态度和表现始终和第一天到职时的做法一个样，不管狂风暴雨、天寒地冻，甚至在几次日本大地震的灾难当中，他总是能够准时地将信件交到收件人的手里。

谁选择谁受益，谁拥有谁成功。什么力量让他能够不屈不挠、持之以恒地将一件极为平凡的工作变成一项伟大的使命？这就是爱。他说他最喜欢看到人们接收到远方亲友寄来的书信时脸上那种无比喜悦的表情。他说："只要一想起那令人感动的神情，即使再恶劣的天气，再危险的状况，也无法阻止我完成任务的强大决心。"

生命本来没有意义，只要你给它爱心，它就有了意义。爱心可以使生活闪光，可以使平凡的事业辉煌。这位邮递员有了爱心，就连收信人脸上那种喜悦的表情，也能在他身上产生巨大的力量，变成成功的动力。

成功之路有千万条，条条都是爱铺成的。无论是成功的事业，还是成功的学业，无论是成功的友谊与婚姻，还是成功的自我经营，都离不开爱心。热爱人生，就会活出人的价值；热爱事业，心中就会充满激情；热爱生活，就会感到越活越有滋味；热爱大自然，就会获得舒适的好心情；热爱他人，就会体味到友谊的珍贵……人可以没有百万家产，也可以没有荣誉和地位，但绝不能没有爱。爱就是一切成功的核心。

从现在开始，让我们去爱吧！

● 用全身心的爱来迎接今天

我们一起来大声朗读《世界上最伟大的推销员》中的一段文字。

我要用全身心的爱来迎接今天。

因为，这是一切成功的最大秘密。锋利的刀可以劈开盾牌，甚至毁灭生命，但是只有爱才具有无与伦比的力量，使人们敞开心扉。在掌握了爱的艺术之前，我只算是商场上的无名小卒，而现在我要让爱成为我最大的武器，没有人能抵挡它的威力。我的理论他们也许反对，我的言行他们也许怀疑，我的穿着他们也许不赞赏，我的长相他们也许不喜欢，甚至我廉价出售的商品都可能使他们将信将疑。然而，我的爱心一定能温暖他们，就像是太阳的光芒能融化冰冷的冻土。

我要用全身心的爱来迎接今天。

我该怎么做呢？从今往后我对一切都要充满爱心，这样才能获得新生。我爱太阳，它温暖我的身心；我爱雨水，它洗刷我的灵魂；我爱阳光，它为我指引道路；我也爱黑暗，它让我看到清晨；我迎接快乐，它使我心胸开阔；我忍受悲伤，它升华我的灵魂；我不怕困难，因为它们给我挑战。

我要用全身心的爱来迎接今天。

我该怎么说呢？我赞美敌人，敌人于是成为我的朋友；我鼓励朋友，朋友于是成为我的手足；我要长年累月地赞美别人，绝不搬弄是非，道人长短；想要批评人时，咬住舌头；想要赞美人时，高声表达；飞鸟、清风、海浪，自然界的万物不都在用美妙的歌声来歌颂造物主吗？我也要用同样的歌声来赞美我的儿女。从今往后，我要记住这个秘密，它将改变我的生活。

我要用全身心的爱来迎接今天。

我该怎么行动呢？我要爱每个人的言谈举止，因为人人都有值得钦佩的性格，虽然有时不易察觉。我要用爱摧毁困住人们心灵的高墙，那充满怀疑与仇恨的围墙。我要铺一座通向人们心灵的桥梁。我爱雄心勃勃的人，他们给我灵感；我爱失败的人，他们给我教训；我爱王侯将相，因为他们也是凡人；我爱谦虚之人，因为他们非凡；我爱富人，因为他们孤独；我爱穷人，因为穷人太多了；我爱少年，因为他们真诚；我爱长者，因为他们有智慧；我爱美丽的人，因为他们的眼中也常流露凄迷；我爱丑陋的人，因为他们都有颗宁静的心。

我要用全身心的爱来迎接今天。

我该怎样来回应他人的行为呢？用爱心。

爱是打开人们心扉的钥匙，也是我用来抵挡仇恨之箭与愤怒之矛的盾牌。爱，使挫折变得如春雨般温和，它是我商场上的护身符。孤独时给我支持，绝望时使我振奋，狂喜时让我平静。这种爱心会一天天加强，越发具有保护力，直到有一天，我可以自然地面对芸芸众生，处世坦然。

我要用全身心的爱来迎接今天。

我该怎么样面对遇到的每一个人呢？只有一种办法，我要在心里默默地为他们祝福，这无言的爱会闪现在我的眼神里，流露在我的眉宇间，让我嘴角挂满微笑。在这无言的爱里，他们的心扉为我敞开了，他们也不会再拒绝我的提议，而我也会因此而赢得尊重。

我要用全身心的爱来迎接今天。

最主要的是，我要爱自己。只有这样，我才会认真检查进入我的身体、思想、头脑、灵魂里的一切东西。我绝不放纵肉体的需求，我要用清洁与节制来珍惜我的身体。我绝不会让头脑受到绝望与邪恶的引诱，我要用智慧和知识使之升华。我绝不让灵魂陷入自满的状态，我要用深沉的思考与坚定的信仰来滋润它。我绝对不会忍受自己的心胸狭窄，我要学会与人分享。分享我的快乐，也分担人们的痛苦。我，一定要把一句话铭记在心：海纳百川，有容乃大。

我要用全身心的爱来迎接今天。

从今往后，我要爱所有的人。仇恨，将从我的血管中流走，我没时间去恨，只有时间去爱。现在，我已经迈出了成为一个优秀人物的第一步。有了爱，我就能成为一个伟大的商人。即使才疏学浅、一贫如洗，我也能够取得伟大的成功。相反的，如果没有爱，即使博学多识也终将失败。

我要用全身心的爱来迎接今天。

每天早上，大声读一遍，坚持一段时间，你会发现不一样的自己！

● **爱的六种表现**

1. 支持

在这个世界上，我们每个人都追求进步、渴求成功，人人都想建立功名、成就事业，谁都想力求自己的职业生涯辉煌灿烂、光彩夺目，谁都想自己的生命之花绚丽壮观、不枉此生。可是，殊不知，夫仁者，己欲立而立人，己欲达而达人。无论在生活还是工作中，我们获得他人支持和帮助的前提，就是不吝啬自己对他人的支持和帮助，因为我们都清楚，单靠我们自己的力量无法去完成我们所希望的理想和目标，这种宽广的胸襟和博大的胸怀，才使我们丰富了人生，精彩了岁月。正是由于我们学会了支持他人，才成就了我们的天时、地利、人和，才拓宽了我们走向成功的道路，而狭隘的心胸只能使我们的事业道路和人生之旅愈行愈窄。在对的人、对的事上付出，总是会有回报的，只是早晚的事情，不要害怕分享会降低自己的竞争力，真正有竞争力的东西是别人抢不去偷不走的，分享越多，收获越多，支持了别人、帮助了别人，同时也会提升了自己，所谓"水涨船高"就是这个道理。比如在你的支持和培养之下，你的团队成员个个都业务水平一流、经验丰富，他们的成长会给自己带来事业的春天与希望，正是因为你用自己的智慧点亮了别人的人生，你才会获得德高望重、值得信赖的威望，也才有了事业上的又一次华丽转身，你的支持成就了别人，也成就了自己！

在公司中，无论是否在同一个部门，我们都是公司的员工，我们每个小团队的发展都与公司的发展息息相关，而公司的发展又与我们每位员工的切身利益紧密相连。因此，我们支持别的团队，也是支持自己的团队。在同事之间，彼此的支持与理解可以让工作沟通更顺畅，工作氛围更和谐，所在的团队也更容易做出成绩，每个员工才能更好地为公司贡献力量。无论是公司内部的团队之间，还是每位同事之间，在工作中你投之以桃，别人才能报之以李，你给予了别人支持与帮助，才能得到别人的支持与理解。同时，不止别人的收获里有你的功劳，你还会因此而收获友谊，收获信任和支持，甚至是工作上的直接成效。

在职场中，如何才能做到支持别人，不断提升自己的价值呢？

作为下属，要百分百支持上司去解决问题、达成成果。不论在任何时候，都要支持上司完成部门的业绩指标，做事自动自发，愿意承担责任。上司遇到难题的时候，积极成为解决问题的那个人。坚持100%的执行力，出色地完成自己的工作任务，超越上司的期望。

作为同事，在团队中要不计得失，求同存异，善于合作。有很多人得不到同事的支持和配合，这很大程度上是由于他们不能与同事很好地合作。所有同事都是为了一个共同的目标而团结起来的，要一起向这个目标努力。所以在工作中，明确各自的职责，做好分内工作的同时，要相互支持，一个人的力量非常有限，应该有诚心和同事一起合作，要懂得在工作中同事间的互补作用，用他人的长处来补自己的短处，本着在合作中互惠互利的心态，使双方在合作中得到彼此的支持与共同进步。

作为上司，对下属要充分信任、全力支持、助其发展。一般来说，上司越信任下属，下属与上司的配合就越默契。在上司充分信任的鼓舞下，下属的主观能动性会得到完全的调动，会因为得到上司的信任而欣喜，全力以赴地工作。上司信任和重视下属，下属对上司也会产生信任和好感，在相互信任的前提下，上司与下属的合作就有更扎实的基础。下属遇到工作上的问题，要予以协助解决，当下属出现错误或失误时，应该宽容对待，帮助他们分析错误产生的原因，制定避免错误的措施，支持下属的成长。

支持别人，赢得友谊；支持别人，赢得信赖；支持别人，赢得成功。在工作中，我们在抱怨别人不支持自己的时候，要先看看自己是否做到了支持别人。不要认为支持别人是浪费了自己的精力与时间，不要以为分享自己的智慧与经验是减少了竞争的砝码，因为在支持别人的同时我们也会有自己的收获，支持别人就是成就自己！

2. 赞美

赞美是发自内心的对于自身所支持的事物表示肯定的一种表达。赞美适合于每个地方、每种场合，甚至每次搭讪。当我们告诉一个女孩子"你很美丽"的时候，内向的女孩也许会害羞，会不好意思地跑开，而开朗的女孩则会带着微笑，大方地回一句"谢谢"，并回赠给你一句合适的赞美。相信这不管对于别人，还是对于自己，这都是一种绝佳的享受、绝美的体验。对方因为得到如此诚恳的赞美而开心快乐，而你也会因为赠人玫瑰、手有余香而满足快乐，这样一种好心情，将会影响和感染一群又一群人。

有一对生活在海边的母女，临睡之前，母亲正在抱怨台风，女儿赤脚站在母亲面前说："妈妈，我最喜欢的就是台风。"

母亲有点生气地说："这小捣蛋，简直不知人间疾苦，每刮一次台风，有多少屋顶被掀翻，有多少地方会发洪水，铁路被冲断，蔬菜都涨价，家庭主妇望着几元钱一斤的小白菜就叹气。"而小女孩却一直说，她喜欢台风。

"为什么？"母亲尽力压住生气的情绪。"因为有一次刮台风的时候停电了。""你是说，你喜欢停电？"

"停电的时候，我就去找蜡烛。""蜡烛有什么特别的？"母亲的心渐渐柔和下来。"我拿着蜡烛在屋里走来走去，你说我看起来像小天使。"

那是许多年前的事了，母亲终于在惊讶中平静下来，她一直记得我的一句话，而且一直喜欢自己在烛光中像天使的那份感觉，并因此而喜欢台风之夜。一句不经意的赞赏，使时光和周围情境都变得值得追忆起来。那一夜，有个小女孩相信自己像天使；那一夜，有个母亲在淡淡的称赞中，制造了一个天使。赞美的力量是巨大的，有时一句赞美的话，便足以改变一个人的人生。

赞美，对别人是温暖；赞美，对自己是文明；赞美，对于我们共同的生活，则是一枝永不凋谢的鲜花！人生，有时需要这样的鲜花。

张小姐是一位程序员，因为长期的电脑辐射和不分昼夜的加班，30岁的她看起来有点显老。一天她走进了一家化妆品店，准备买些化妆品充实自己的化妆包，也放松下心情。

张小姐问化妆品专柜导购员："你们这有没有不会染黑下眼睑的眼线笔？"导购员看了她一眼，冷冷地说："哪有这种笔？是你老了，眼皮垂下来才容易染黑下眼睑。"张小姐听了非常失望，便没了继续待下去的心情，想直接回家。

她没心情等公交车，便打了个出租车，出租车司机师傅转过头微笑着问她："姑娘，你在这附近上班？"张小姐点点头。"做什么？""程序员。"司机师傅回过头，一脸羡慕地说："真的呀？这工作可不是什么人都能干的，干你们这行的都是这个。"说着举起了大拇指。尽管只是三言两语，但被化妆品销售员破坏的心情也缓和过来了，张小姐早忘记了刚才的事情，和司机师傅有说有笑地攀谈了一路。

一个懂得赞美别人的人，总会给他人一种美的享受，让被赞美者如同进入一条莺歌燕舞、鸟语花香的通幽曲径，而不懂得赞美别人的人则会让每一次谈话变的生硬而令人难以接受。

赞美是对付出的一份报酬，是生活的一种美好；是黑暗中的一根蜡烛，有意无意间照亮了别人；是航船中的一块罗盘，颠颠簸簸中指示着方向。

我赞美你，说明我注意你，我注意你，那一定会使你更加注意自己；我赞美你，说明我尊重你，我尊重你，那一定会使你更加尊重自己；我赞美你，说明我接受你，我接受你，那一定会使你首先接受自己；我赞美你，说明我喜欢你，我喜欢你，那一定会使你更加喜欢自己。

要学会赞美别人，这不仅是一种美德，还是沟通情感的方式，如同微笑一样，是照在人们心灵上的一抹阳光。喜欢听赞美是每个人的天性，通过被赞美可以感到自尊、自信、荣誉感提升，学会恰当地赞美别人有助于提升自己的人格魅力，有助于被大家接受、喜欢，还可能帮助你成功。

• 赞美要及时

不要吝啬自己的赞美，对于别人好的一面，要及时将自己的赞美表达出来。

• 赞美要具体

想要赞美对方，先要找到具体的方面，不能含含糊糊，若没有具体的赞美，别人会认为你是在敷衍，是逢迎拍马。

• 言之有据

如果赞美别人漂亮、能干、善良等，要具体到事，比如称赞对方能干，要通过具体任务的难度来衬托，这样才能言之有物。

· 辨明赞美对象

赞美时要看清对象，不能信口开河张嘴就乱说，可能铺垫半天跟赞美的对象没有丝毫关系。比如你想赞美老板爱干净，你就不能赞美他把办公室打扫得一尘不染，老板会自己打扫卫生吗？你这是在赞美保洁人员。

· 不可附加条件

赞美对方时要真诚，不能将自己赞美对方作为想达到自己附加条件的间接方式，这样会让人感到你是有备而来，赞美也是虚伪的，自然也不会心甘情愿地为你办事。

赞美是一种境界，是发自内心的真诚表达。赞美是对他人成就的认同，对他人人格的尊敬。由衷的赞美，哪怕是一句平平常常的话，一个充满敬意的眼神，一下轻轻地拍肩，都会产生意想不到的效果。

3. 鼓励

世界上没有人生来就是天才，也没有人生来就高人一等，既然如此，又有谁能在成功的道路上一帆风顺呢？挫折、伤痛、悔恨、泪水，一切都是在所难免的。跌倒了，那就再爬起来，或许我们都会这么轻松地对自己说，可当周围是一片灰暗时、茫然时，我们该怎么爬起来？爬起来是需要支点的，如果周围都是冷言冷语，那么支点又在哪里？可能我们真的会永远倒在那里，再也爬不起来，倘若这时耳畔传来一句"你能行"，即使这声音非常细微，我们也能感受到勇气的传递，从而鼓励我们努力前行。

50 年前，在那不勒斯的一家工厂里，有一个十几岁的孩子在那里做工，这个孩子从小就有长大后成为一名歌唱家的理想。可是，他的第一个声乐老师却狠狠地打击了他，那个老师说："你的嗓子太糟糕了，没有比你的声音更难听的了，你不能唱歌。"然而，这个孩子的妈妈——一位贫穷的农村妇女抱着孩子，不断地安慰他、鼓励他，说他一直都在进步，一定可以唱歌的。为了省钱给孩子交付学习声乐的费用，妈妈总是光着脚去做工。这位妈妈的鼓励改变了孩子的一生，或许你曾经听说过这个孩子的名字，他便是当代杰出的歌王之一——卡罗沙。

很多年前，伦敦有一个渴望成为作家的青年，可是生活好像和他作对似的，他到处碰壁，什么事情都和愿望相违背。因为还不起债，他的父亲进了监狱，这个青年从此便生活在饥饿当中。最后，他找到了一份工作——在一间遍地老鼠的仓库里，为墨水瓶粘贴标签。晚上，他和另外两个从伦敦贫民窟来的瘦弱小孩一起住在楼顶的一间小屋子里，那里光线阴暗。在这样的环境里，他写完了他的第一篇稿子，趁着晚上悄悄把稿子放进邮筒，因为怕被别人嘲笑。就这样，他一次又一次写稿和投稿，然而他寄出去的稿子，也一次又一次被退了回来。激动人心的一天终于来了，他的一篇稿子被刊登了，虽然没有一分钱的稿酬，但编辑对他的作品表示了肯定，这个青年激动地流出了眼泪。因为一篇稿子的刊登而得到的肯定，对于这个青年来说，是莫大的鼓励，让这个青年的一生发生了转变。如果没有那次的肯定，他可能要终生待在老鼠遍地的仓库里做工。或许你知道这个青年的名字，他便是英国著名的文学家狄更斯。

鼓励不是鲜花，鼓励也不是太阳，但它却可以是一滴甘露，使鲜花绽放，也可以是一支蜡烛，驱走黑暗与寒冷……人生的路上有太多太多的坎坷，也有太多太多的崎岖，长路漫漫，夜幕重重。当你的朋友在黑暗的重重包围中泪流满面时，你是否想过有一个希望在你手中夭折？有一个梦想在你手中破灭？学会鼓励就是学会保护一株风雨中的幼苗，守护黑暗中的一片烛光，呵护寒夜里的一个希望……没有鼓励的世界是可怕的，不要说伟人无法诞生，就连现在那些丢掉饭碗的人，离开了鼓励，也不会再有就业创业的信心，不会再有对生活的希望。

  在纽约市哈林区的贫民窟里，生活着一群黑人孩子，他们时常旷课打架，有时还会毁坏学校的设施。校长非常担心这群孩子的未来，为了教育他们，他想出了一个办法。有一天，校长在操场上遇到了这群孩子，他说要给孩子们看手相，预测他们的未来。

  有一个顽皮的孩子马上走了过去，向校长伸出了自己的手。校长端详了一下，然后认真地说："我一看你修长的手指就知道，将来你会成为我们的州长。"这个孩子怀疑自己听错了，因为他是班里学习成绩最差、经常干坏事的孩子，这句话仿佛是一句神奇的咒语，点醒了那个孩子，让他陷入了深深的思考。

  从那一天起，"纽约州州长"就像一面旗帜，约束和鼓舞着这个孩子，他不再逃课早退，不再扰乱课堂秩序，不再说污言秽语，他开始挺直腰杆走路，开始努力学习、勤奋向上。在以后的四十多年里，他每天都在按照州长的身份要求自己，都在认真培养做州长的实力。

  后来，他真的成了一名州长，他就是纽约州第53任州长，也是纽约州历史上第一位黑人州长，他的名字叫罗杰·罗尔斯。

罗尔斯的校长并不是能预知未来的神仙，他只是用了鼓励的方法，把一个平凡的孩子变成了不平凡的州长。鼓励就如一粒种子，只要埋下，不论多么深厚的土层，它都能够破土发芽。

在实际的工作生活中，我们常常会发现很多人情绪低落，或是因为工作原因，或是因为生活情感原因，有时候看似小事，但是对于这些人而言确实很难走出困境，非常需要有个朋友能够帮助他战胜困难。如何去鼓励别人？要做到以下几点。

· 有诚意

在鼓励别人之前，首先要很有诚意，不能表现得很虚假，否则会让别人感觉你在奚落嘲讽他。一定要让朋友看出你的认真和热情，觉得你十分在意他，这样他可能会接受你的鼓励，总而言之，充满诚意是第一步。

· 抛开个人的优秀

在鼓励别人的时候，尽量不要把自己的优秀说出来，否则会令人感觉你是在炫耀自己，从而排斥你的鼓励。你可以试着用"别人以前也是这样帮助我的""我觉得这样挺管用，你不妨试试"等话语，尽量去分享一些有用的经验。

· 让他们认识到自己存在的问题

出现情绪低落的原因很多，但是很多人不会去认识这些问题，毕竟当一个人情绪不佳时，总会回避自身的问题。我们在鼓励别人的时候，尽量让他们意识到这些问题，意识到问题持续下去会有哪些坏处，找到病根才能根除。

· 让他们认识到这个困难很小

既然是鼓励别人要放下心理负担，我们需要尽可能地让他们觉得困难没有他们想象的这么大，这些问题是可以解决的。然后再帮助他们不断地缓解内心的压力和紧张，让他们逐渐恢复到最佳状态。

·给予他们希望

鼓励别人时，给予他们希望是很重要的。人必须要心中有所期望，当心情不好的时候，给予他们希望，会让他们更快地走出心理阴影，摆脱烦闷的心情。因此，建议在鼓励劝说别人的时候，一定要给予他们希望。

请相信，只要我们学会鼓励，在给别人希望的同时，也会让我们的人生更加灿烂！

4. 接纳

从前有一位年轻人在踏上人生旅途之前，问他的老师："老师，我未来的人生之路将会怎样呢？"

他的老师回答说："在未来的人生道路上，你将会遇到三道门，每一道门上都写着一句话，你可以按照那句话去做。当你走过第三道门的时候，我会在门外等着你。"

年轻人上路了。不久，他就遇到了第一道门，上面写着"改变世界"。年轻人开始按照自己的理想规划这个世界，把自己看不惯、不喜欢的事物都统统去掉。可是，他很快就陷入了迷茫之中，在去掉了那些不好的事物之后，他看到的世界依然不够完美。他想答案或许在下一道门上，于是就继续上路了。

很快，他就遇到了第二道门，上面写着"改变别人"。年轻人想，怪不得我无法改变世界，因为其他人都没有改变，别人和我的看法是不一样的。我一定要用美好的思想去教化他们，让他们朝着更好的方向发展。结果，他发现人们根本不可能按照他所说的去做，他只好期待第三道门能够给予他帮助。

当他来到第三道门前，他发现上面写着"改变自己"。年轻人这才恍然大悟，与其改变世界，不如去改变世界上的人，而与其改变别人，不如改变自己。

年轻人推开门，见到了等在门后的老师，他把自己的体会告诉了老师。老师听后笑了笑，接着说："你现在往回走，再回去仔细看看那三道门，或许你会有不一样的发现。"

年轻人将信将疑地转过身，准备往回走。这次，他看到第三道门上写着"接纳自己"，他突然明白为什么自己在改变自己的时候总是自责、苦恼，因为他拒绝承认和接受自己的缺点，总是把目光放在自己做不到的事情上，而忽略了自己的长处。

年轻人继续往回走，在第二道门上，他看到的是"接纳别人"。他开始明白自己为什么在改变别人的时候那么艰难，因为他拒绝接受别人和自己存在的差异，不能从别人的角度去理解和体谅他人。

年轻人继续往回走，他看到第一道门上写着"接纳世界"。他渐渐明白自己为什么无法改变世界，因为他拒绝承认世界上有许多事情是自己做不到的，总是勉强为之，而忽略了更适合自己、自己可以做得更好的事情。

年轻人推开第一道门，他的老师已经等在那里了。他对年轻人说："一切成功都要从接纳自己开始，你只有接纳了自己，才懂得如何接纳别人，才能接纳整个世界，而接纳是改变的第一步。"

有人说，所谓废物不过是放错地方的宝贝。虽然每个人身上都有缺点，但换一个角度，换一个地方，缺点同样可以变成优点。接纳并不一定要改变，但接纳可以使人面对现实，摆正自己的位置，看清自己的优势和劣势，知道自己需要什么、想要什么、能做什么、不能做什么，从而寻找适合自己发展的机会，展现自己最好的一面。

接纳最真实的自己是指能够欣然接纳自己现实中的状况，不因自身的优势而骄傲，也不因自身的缺陷而自卑，是引导人积极向上的动力，是帮助人快乐生活、走向成功的正能量。

人的一辈子总会遇到形形色色的人，而且人与人之间总会有各种各样的差别，世界上没有两个完全一样的人，如果以自己为标准，那将无法实现人与人的顺利交往，更无法交到更多的朋友，扩大自己的人脉。因此，我们还要善于接纳各种与自己不同的人，接受别人和自己存在的差别，理解和体谅别人的难处，充分尊重别人，这样才是真正地接纳别人。能否接纳别人的关键在于自己的内心，在于内心没有成见、没有歧视、没有冷漠，在接纳别人的同时，也是接纳自己，当你能够接纳存在各种缺点的别人时，你自然也就能够接纳自己的缺点，不再纠结、自责，心中自然也就少了许多抱怨。

善于接纳，可结交不同的朋友，获得更多的机会；善于接纳，需要正视不足，需要包容，需要豁达；善于接纳，不但能收获尊重，也能释放自己。只有善于接纳，才会懂得欣赏，欣赏别人，这是理解、是沟通、是信任、是肯定、是激励、是鼓舞；欣赏自己，不是自我陶醉与故步自封，而是提振信心，而是放飞心情；欣赏自己，抖落浑身的疲惫与满心的抱怨，迎接明日的崭新朝霞，才能让自己越发强大起来。

5. 理解

理解是心与心的交流，是共情的能力，是对他人的态度、情感和行为方式等方面的感知。理解别人有利于更好地体会到对方的情感、处境，与别人建立更深厚的情感，也有利于消除以自我中心的观念，因为一个倾向于站在自己的立场上去看待周围事物的人，往往会对他人的认识出现偏差，不能客观地看待和解决问题。

理解是心灵静默的一种升华，人生旅程中，无论何时何地，多一份理解，就多一份温暖；多一份理解，就多一份感动；多一份理解，就会多一些美好的快乐时光！

在职场中，请理解你的上司和同事。我们常常迷信权威和领导，我们期待着领导做出英明的决定，为每一个下属负责，从来不出错。如果我们感觉受到了不公正的待遇，或者发现领导有做得不好的地方，我们就会抱怨甚至愤怒，而忘记了领导也是人，他不是全能的神。

有一个朋友常常抱怨她的部门经理，有一次他们部门加班修改一个方案，经理居然和朋友出去吃饭，完全把下属晾在一边，吃完饭还带回来沾满酒味的烤鸭，说是给她们当夜宵，朋友感到又好笑又生气。更加可气的是，经理第二天在电梯里碰见她，还问她烤鸭好不好吃？

朋友当然有生气的理由，请别人吃剩下的菜，这根本就是不尊重人，而且几个女孩子怎么会对油乎乎的烤鸭感兴趣？

后来我了解到，朋友的部门经理刚刚从偏远的基层油田调上来，在野外勘察队都是带领着一帮粗枝大叶的大老爷们，可能他的行事风格也就大大咧咧惯了，没有那么多讲究。可以确定的一点是，经理带回烤鸭给他们是非常真诚的，担心他们加班熬夜会饿，只是这件事情的做法没有考虑周全，忽略了下属的感受。

我们可能看不惯一个人做事的方式，这是因为我们用自己的视角和感受去审视他，觉得他很容易做到的事情却没有做到，或者做事情时考虑不够周到，但是你把他放到他的成长背景里去看，就会发现每个人都有自己的局限性，作为普通人，我们都是一样的。我们经历过怎样的过去，就会形成怎样的人格，发展出怎样的行为模式。

在生活中，请理解你的父母、爱人。父母是无法选择的，世上也没有完美的父母。当我们长大，看到更广阔的世界，站到更高的平台上，就越发看到父母的平凡和局限。我们可能无法认同他们，但唯有深深的理解，才有更包容的爱。夫妻的价值取向可能不一致，在什么环境下成长、做什么工作，都会形成自己的价值取向，所以了解你的爱人，把他放到他的成长背景里去理解，接受他的人格和行为模式。理解爱人是对爱人感同身受，能够照顾到爱人心情，让爱人知道你很理解他的感受，并在最后能给予一定的建议，这样才能使自己的爱情和婚姻生活变得更加幸福美满！

如何做到理解别人？

第一，察言观色。除了消除以自我中心的观念外，更多地根据他的面部表情、言谈举止和行为变化判断对方在思考什么。对一个人的理解和评价更多地依赖于他平时说了什么，做了什么，然后对他的性格和处事风格有大概的了解，这样才能在与他互动的过程中深层次体会他的感受，更能理解他的行为。但这只是表面的理解，如果要更深刻地体会对方的心理，则需要我们具备一定的心理品格，即正直、诚恳和与人为善，这是理解别人和让别人理解的前提。

第二，善于倾听。在交往中，倾听对方的谈话，对他的话题、谈论内容，说话的姿态、表情、语气表现出兴趣，这是起码的礼貌，也是正确感知对方的基础。根据每个人的自身情况，大致可以分为公开的自我和秘密的自我。一般说来，完全公开和完全秘密都是少见的，公开和保密的程度会因事、因时、因性格而异。性格外向的人公开程度大，而性格内向的、城府较深的人公开程度小，男女之间也有区别。一般来说，能和对方共享自己秘密的人，容易被人理解，而一个什么都不愿意说的人，很难被人理解，更谈不上找到知心朋友。

第三，尊重对方。不管发生什么事情都要学会尊重他人，尊重是相互的，只有你尊重他人，别人才会尊重你。不管对方说错了、做错了什么，都不要恶语伤人。要懂得人人平等，要用和缓的语气进行交流，解决彼此的矛盾与不和。尊重对方，包括对别人人格的尊重，对别人能力的尊重，对别人秘密的尊重。

第四，换位思考。要想更好地理解别人，有时候需要进行角色互换，你要把自己放在对方当时所处的情境中去体会对方，这样可以更好地感受、更深刻地理解他人。因为理解建立在与人互动过程中的体验的基础上，只有不断地与人沟通交流，不停换位思考，站在对方立场上考虑问题，才能不断提升你理解别人的能力。

对他人深刻的理解，最终会让你变得平静，变得不再怨恨，变得更加容易感受到幸福！

6. 宽容

一百多年前，法国的雨果这样感叹："世界上最宽广的是海洋，比海洋更宽广的是天空，而比天空更宽广的是人的胸怀。"在古老的东方，也世代传承着一句浅白的俗语，"宰相肚里能撑船"。法国人的浪漫和中国人的实在碰撞在一起，于是人们发现，宽容超越了国家、语言、民族和历史的界限，宽容是这个美丽星球的所有民众共同向往和赞美的品德。

宽容是什么？即允许别人有不同的行动或判断，耐心地毫无偏见地容忍与自己观点或公众观点不一致的意见。宽容，是一种豁达、一种理解、一种尊重、一种激励，更是大智慧的象征和强者显示自信的表现。宽容是一种坦荡，可以无私无畏、无拘无束、无尘无染。

战国时，楚王宴请臣子。灯忽然灭了，一位醉酒的将军拉扯楚王妃子的衣服，妃子扯下了将军的帽缨，要求楚王追查。楚王为保住将军的面子，下令所有的人一律在黑暗中扯掉自己的帽缨，然后才重新点灯，继续宴会。后来，这位被宽容的将军以超常的勇武为楚国征战沙场。

可见，学会宽容，就要学会原谅一个人小的过失，给人以悔改的机会。

同样，宽容别人就是善待自己。宽容别人，你的朋友会越来越多；宽容别人，也会给你自己带来快乐；宽容别人，你的学习会有长进；宽容别人，你会受益匪浅。宽容别人会带来这么多好处，为什么我们不学会宽容别人呢？

宽容，说是那么简单，但做起来却非常难。记得小时候，我在姥姥家写作业，我坐在柜子边上写，小妹搬来了一把椅子，看着我写作业，我不知道她是什么目的，就没有关注她。等我写完作业时，看见小妹正拿着笔在纸上写字，那是老师发给我们办小报的纸呀！我心里的怒火一下子涌了上来，就把纸和笔抢了过来。小妹用惊讶的眼神看看我，看到我眼睛瞪得大大的，一副凶巴巴的样貌，知道我生气了，急忙跑出去，到外面去玩了。到了吃饭的时候，她才跑到屋里来，带着那张可爱的小花脸跑了进来，我这才知道小妹刚哭过，但看到那张纸，我的怒火就又上来了。

吃过午饭后，我坐在一旁看作文书，突然看到书上有一篇写宽容的作文，我读了读，心里很不是滋味，就去和妹妹道歉。我低下着头，嘴里不停地说："小妹，对不起，我不是故意让你难过的，请你原谅我，行吗？"妹妹听完我说的话，她说："好，我原谅你，但你以后不准再欺负我。"她看见我点头了，就露出了那两排整齐而又洁白的牙齿，看起来像一只可爱的小白兔。我们和好之后，她就用胖乎乎的小手拉着我，带我去看她做的好吃的。我一看原来是以前总玩的游戏，我露出了笑容，就假装吃，一边吃一边看小妹，小妹看到我这么贪婪地吃着，乐得合不拢嘴。就这样，我们一直玩到黄昏，整个下午的时间就在欢声笑语中流走了。

那么，如何做到宽容呢？

• 把事情最小化

当彼此发生矛盾的时候，不如先静下心来好好思考，为什么会发生这件事情？什么引发了这件事情？所有的事情都没有绝对的错与对，把事情慢慢弄明白之后就没有那么在乎了。

• 换位思考

要学会换位思考。什么是换位思考呢？顾名思义就是站在对方的角度进行思考，只有站在对方的角度，理解了对方的思想之后，才会知道问题的缘由，才会让彼此的问题变得不再那么尖锐，才会用宽容的心来接纳对方。

• 找自己的过失

当矛盾发生的时候，不要只责怪批评对方，要学会从自身找问题，要学会在问题中找自己的原因，自己为什么会为这件事而争执，自己在这件事上做错了什么，要学会为自己的过失负责。

• 不要要求过高

面对问题时，不要总是责怪对方，"金无足赤，人无完人"，每个人都有犯错误的时候，就连圣人都有犯错误的时候，更何况我们这些普普通通的人呢，不要给对方过高的要求，用一颗宽容的心来接纳对方。

• 学会发现对方优点

要学会发现对方的优点，每个人都渴望被关心被认可。要学会赞美对方、发现对方的优点，只有发现对方的美，才能更加认可对方，也可以让对方接受自己，这样才能化解彼此的误解，最终达到和谐共处。

•学会真诚

用真诚的目光、真诚的举止和真诚的言语来面对彼此，保持一颗真诚的心，不掩饰自己的缺点。真心面对对方，用真诚的心来获得真正的友谊。真诚就像一杯清水毫无杂质，用真诚、理解接纳对方，最终会获得纯洁的友谊。

宽容是一种对事的态度，宽容是一个人内心的胸怀，宽容是一种品德。在生活中，我们会遇到很多不顺利的事情，一直纠缠在自己的脑海里，使自己的心情变得糟糕。与其痛苦地生活，不如学会放下、学会宽容，善于发现事物的美好，感受生活的美丽。就让我们以坦荡的心境、开阔的胸怀来应对生活，让原本平淡、烦燥、缺少乐趣的生活散发出迷人的光彩！

● 爱的行动

内心深处的爱是我们一切行动的源泉。不愿意支持、接纳别人，不愿意奉献自己，缺乏爱心的人，就不可能得到别人的支持，而失去别人的支持，离失败就不会太远。没有爱心的人，就不会有太大的成就。所以说，我们有多大的爱心，就决定我们会取得多大的成功。因为我们有了爱，才给生活增添了光彩，许多生活中的成功人士对此深信不疑，下面分享两个故事。

林肯曾用爱的力量在历史上写下了永垂不朽的一页，当时林肯正在参选总统，他的强敌是斯坦顿。斯坦顿与林肯展开了非常激烈的竞争，他想方设法在公众面前羞辱林肯，说林肯的外表没有总统威严，故意用话语使林肯当众出丑。

尽管如此，当林肯获选为美国总统后，需要找几个人为他出谋划策，和他一同处理国家大事，其中有一个幕僚长的位置，林肯挑选了很长时间，最后他居然选择了斯坦顿。

当这个消息公布时，街头巷尾议论纷纷，大家都非常惊讶。有人对林肯讲："斯坦顿是你的竞争对手，他曾经毫不留情地打击你、羞辱你，你难道忘记他的冒犯了吗？他不会真心诚意地帮助你，你可要考虑清楚啊！"林肯不为所动，平静地回答道："我了解斯坦顿，正因为他是我的竞争对手，我才了解他的实力，也知道他的能力和才华，我认为他最适合这个职务。"果然，斯坦顿非常胜任这个职务，帮助林肯解决了很多棘手问题，为国家做出了贡献。

林肯被暗杀后，许多美国人都在颂扬这位伟大的总统，在所有称赞的话语中，斯坦顿的评语最有分量，他说："林肯是我最值得敬佩的领袖和朋友，他的名字将留传万世。"

美国的另外一位总统肯尼迪在竞选参议员时，需要到选区演讲拉票。有一天，他坐车到波士顿，看到一位老婆婆走路有些困难，她站在路边，正想穿过马路。肯尼迪让司机停车，下车后他向老婆婆做了自我介绍，又亲切地扶着老人穿过马路，送老人回家。同行的竞选助理问他："您真想赢得全部选票吗？"

肯尼迪幽默地回答说："竞争如此激烈，如果最后以一票之差落选，我会想到当时因为懒得下车去帮助一位老婆婆而少得了一票，导致竞选失败，那我会非常后悔的。"

肯尼迪帮助这位老婆婆固然是出于多拉选票的目的，但是如果他没有温暖的爱心，也很难做出如此举动，或许他成功当选议员、总统，正是因为拥有一颗爱心。

人是渺小的，但爱的力量却无与伦比，强大时可以支配一切，改变一切。它能够使苦变甜，使忧变乐，使无为变有为，使弱者敢于藐视强者，使孤独者乐于拥抱世界。有所爱的人是有福的，因为他们的生活是有激情的，因为他们的心灵是有寄托的。那我们该怎么才能做到这一点呢？我们常常把爱视为虚无缥缈、遥不可及的崇高情感，在日常生活工作中，纵然自己表达出爱意，别人也往往浑然不觉，所以我们要拥有一双发现爱的眼睛，并真正地理解爱，勇于正确地表达爱。

就如拿破仑·希尔经常引用的文章《就试这么一天》中的这些句子：

下一次出门去上班，不知这一天怎么过时，先别担忧，下定决心，采用一种全新的方式去处事待人。

就试这么一天，积极乐观一点，你也许会使自己的所作所为有所改观。

就试这么一天，对同事尽量友善，把他们当作恩人来看待，好像你能留在这个岗位上工作全该归功于他们，因此而有幸和他们做同事。

就试这么一天，不再吹毛求疵，挑剔别人。设法找出每一件事物的优点，并且找出每一个跟你一起工作的人值得称赞的优点。

就试这么一天，如果要纠正别人，就尽量以幽默示之，不要出言伤人，设身处地想一想，就像被纠正人是自己。

就试这么一天，不要求自己所做的事都尽善尽美，也不再尝试打破纪录。称职地做好眼前的工作，不强自己所难。

　　就试这么一天，如果自己对工作胜任有余，那就不再不停地反躬自问：我的表现跟职位和酬薪是否相称？

　　就试这么一天，心存感激，庆幸自己活在这个社会和时代，无须在恶劣环境下做劳累讨厌的工作。为能在自由国度里工作而感恩不尽——在这个国家里没有人强迫我。

　　就试这么一天，为自己有工作、活得好而满心欣喜，庆幸自己不是在战壕里躲避枪弹，或是在医院里等待动手术。

　　就试这么一天，不去预期别人会如何对待你，不拿自己的酬薪地位跟别人比较——就因为你是你，所以你很高兴。

　　就试这么一天，不计较事情"对我有什么好处"，只想到在每件事情上你帮了什么忙。

　　就试这么一天，下班后不再想今天做了些什么，还有什么没有做。反之，盼望傍晚到来，不管完成了什么都感到欣慰。

以上的这些建议和想法都不复杂，更非天方夜谭。它们的好处是可以让你活得更有意义、更快乐，最重要的是，它们能使你心境平和，而这是你最珍贵的东西。如果你觉得自己的爱心和激情不够的话，那么马上、立刻就按上述建议去行动吧！

结束语

十年前就有一些出版社邀请我写书，但都被我拒绝了，主要原因是我个人感觉自己的学习成果还不是那么完善，还有一些内容没有得到验证和市场认可。目前这本书所讲的"心态管理"，就是基于我现在的一堂版权课程"团队正能量"，是这堂课精华内容之所在。这堂课程已连续开了16年，有三千多家组织机构和十几万学员参加过，至今依然火爆，其核心原因还是课程内容得到了市场的验证和认可。

在此过程中，我也非常欣喜地看到不少掌握和运用心态管理系统、方法、工具的企业，整个团队的工作状态有了本质的改变，每个员工的心态也发生了变化，这让企业团队充满了正能量，也使业绩得到了不断提升，利润实现了高速增长。他们的感谢和取得的成绩，让我深受感动，也倍加鼓舞。

集美家具总裁赵建国说："作为一个民营企业家，我做梦都在想，如何才能把队伍带好？怎样才能凝聚人心？我几年都没能做到的事情，这堂课三天就做到了，这就叫专业的人做专业的事，这就是学习的重要性，感谢艾庄周老师。"

楚天集团总裁彭国红说："2012 年 7 月，我们集团先后参加了艾老师的四场课程，后来发现职场氛围开始改变了，员工有了归属感、责任心。在公司的持续推动下形成了上下一条心的理想状态，从 7 月到 12 月半年间奇迹发生了，业绩突飞猛进，分公司产值首次突破 1.1 亿元，净利润率达到 20%，在此感谢艾庄周老师。"

海澜集团副总裁庄晨说："两期课程下来，我发现来自全国的店长们太有亲和力了，团队凝聚力也增强了，团队有了家庭般的温暖。在订货会上，让我看见了他们对目标前所未有的坚定信念，这次培训一定能推动我们企业的业绩目标不断向前发展，感谢艾庄周老师的授课和指导。"

……

类似的案例不胜枚举！

看到这些企业通过学习心态管理系统取得的进步与成绩，我感到十分欣慰。同时，也让我进一步坚信，心态管理对于组织和个人来讲都是必须要学习的课题。因为一个人的成功与失败，决定于这个人面对人、事、物的态度，态度影响人的思维模式，思维模式影响人的行为，最终行为决定结果，循环往复就造就了人生命运。对于一个企业来说也是一样，企业的一切问题，都是人的问题，一切人的问题都是管理者的问题，一切管理者的问题都是老板的问题，一切老板的问题都是心智模式的问题，一切心智模式的问题都来自于自己为人处世的态度。我也越来越清醒地意识到，我肩负着解决每个人、每个组织的心智模式问题的使命。这 16 年来，我不断精进，以品质第一的精神，不断完善和精心打磨心态管理系统，以求能帮助更多的企业、个人改变心态，铸就成功！

在本书出版之际，我要感谢本书研发团队的辛苦付出。首先是马妍老师，她的专业和付出让本书的内容更加接地气、有实效，也让本书能在最短的时间内可以出版发行。其次是我的教学团队的所有老师——商容慧老师、李半步老师、于景国老师，是他们成就了"团队正能量"这个课程，使这个课程不断完善。我要感谢我一生的贵人和好友岳民江老师，他多年的教导和陪伴才让我有了今天的成绩。还有李践老师，他秉持利他爱人的为人处世原则，是我终生学习的榜样。另外，杨永会老师、雷永胜老师、杨萧老师、史佳老师、张沐老师、苗芳老师、强致坤老师、葛秋江老师、陈德云老师、夏晋宇老师等所有我遇见的老师，在成长历程中都给予我很大的帮助和教导。我还要感谢我的爱人张惠恩女士，她对我的理解和对家庭的付出，让我能够专心工作，推动我不断成长和进步，感谢大家为本书的顺利出版所贡献的辛苦和智慧！

《心态管理》一书，是我帮助广大企业、个人改变心智模式，持续获得成功的努力证明。在前进道路上，还会存在不足之处，希望有更多企业家、培训师能对本书提出好的建议，并与我一道，推动心态管理的普及和升级，真正改变更多企业和个人的命运！